教育劣位社会

教育費をめぐる世論の社会学

教育劣位社会

教育費をめぐる
世論の社会学

矢野眞和 Yano Masakazu
濱中淳子 Hamanaka Junko
小川和孝 Ogawa Katsunori

岩波書店

目　次

はじめに

矢野眞和

高等教育に税金が投入されないのはなぜか

大学生への給付型奨学金が、国会で活発に審議され、大きな話題になっている。二〇一六年夏の参議院選挙を前にして、与野党がともに給付型奨学金制度の導入を公約に掲げたからだが、初等中等教育ではなく高等教育の政策が、選挙公約にのぼるのは非常に珍しい。日本の奨学金は、卒業後に返済するのが原則である。その返済を免除して、学生に教育資金を一部でも給付するという制度は、戦後の奨学金政策を転換させる契機になるかもしれない。

わが国の奨学金政策は、学業成績が優秀で家計事情の厳しい一部の子弟に、「無利子」の奨学金を「貸与」することからはじまったが、現在では、学生の半分近くが利用し、「有利子」奨学生の数は無利子奨学生の二倍を上回っている。奨学金は、かなり借りやすくなったが、デフレの経済不況が長く続き、返済するのが苦しくなった。若者の悲鳴が、返済を延滞する奨学生の数に現われ、その実態がメディアにしばしば取り上げられてきた。奨学金は教育機会を平等化する万能薬だと考えられてきたが、その効能を改めて検証しなければならない時期にある。親の貧困から抜け出すために進学したつもりが、親の貧困が子どもの貧困に相続される結果になっている。給付型奨学金がにわかに注目されたのは、こういう時代の反映である。

ホットな話題の背後にあるのは、日本の高等教育財政の特殊性である。二つだけ指摘しておこう。第一に、ＯＥＣＤ（経済協力開発機構）の標準からすれば、給付型奨学金が学生補助の主役であり、返済する補助金はローン（貸与）と呼ばれて、区別される。奨学金をスカラシップ（scholarship）と訳したりする人も少なくないが、スカラシップは返済する必要のない給付型（グラント）である。ＯＥＣＤ統計による各国の平均値によれば、給付と貸与の補助金額がほぼ半々になっている。給付型奨学金がないのは、日本ぐらいである。しかも、日本は大学の授業料が高い。ヨーロッパ大陸諸国では、「授業料が無償でも給付型奨学金のある国」が多いが、「授業料が高くて、学生補助が整備されていない国」は、日本と韓国とチリぐらいである（ＯＥＣＤ 二〇一三）。

したがって、第二に、高等教育機関への公的支出が極めて少なくなっている。第三章で紹介するが、経済規模（ＧＤＰ）に占める日本の公的支出の割合は、ＯＥＣＤ加盟諸国の中で最下位に属する。高等教育界では昔からよく知られた特殊性だが、「公的支出を増やすべきだ」という教育界の要望は、「国家の財政難」の一言で却下され続けている。

世論調査による教育費の社会学

膨大な教育支出が、政府にとっても、家計にとっても、大きな負担になっているのは確かだ。ところが、この深刻な「教育の経済問題」は、教育学者の視野に入ることは少なく、経済学者が取り上げるテーマにもなっていない。「教育の経済問題」を研究する人が少ないのである。

私たちは、教育研究と経済研究の狭間に埋もれた「教育の経済問題」を理論的かつ実証的に分析し、証拠（エビデンス）に基づいた合理的な政策を提案しなければ、有意義な政策論議ができないと考えてきた。

「教育の経済問題」は、優れて社会学的なテーマだといえる。お金の投入量は、経済合理的判断だけでなく、社会的価値判断との複合的な結果である。高等教育の費用を誰が負担するかという問題を理解するためには、経済合理的な損得勘定だけでなく、親子の情緒的人間関係や家族社会学的な視野が必要になりそうである。後述するが、親子が一体になった家族観と親子が自立した家族観とでは、わが子の教育に対する費用負担の意識が大きく異なるからである。

こうした理由から、「教育の経済問題」を経済合理的判断だけではなく、社会的価値判断を重ねて理解する研究プロジェクト（文部科学省科学研究費補助金「教育財政および費用負担の比較社会学的研究」（代表者：矢野眞和））を立ち上げた。共同研究を進める過程で、本書の共著者である濱中さんから、国民の意識（世論）調査をする必要があるのではないかとの提案があった。経済合理性（効率性）や価値判断（平等性）による社会科学的分析の結果と世論の選好が、どのような関係にあるのかを理解しなければならないのではないか。それが分からないために、専門家の間だけに閉じられた提案になったり、上から目線の啓蒙主義的議論になったりするのではないか。世論はいつも付和雷同しているわけではなく、世論には世論ならではの安定的特性があるのではないか。

教育に関連する世論調査の数は多いが、主として、その時々の話題にのぼった個別の教育施策に対するニーズや関心の質問項目で構成されており、教育費・費用負担・財政・税金という「教育の経済問題」に焦点をあてた調査はあまりみられない。素朴にいえば、教育費に対する国民の意識を知ることによって、費用負担の合理性や平等性と世論との距離を知ることができるだろう。費用負担の意識を知るためには、国民の大学観や教育観という広がりも視野に入れる必要がある。国民は、日本の教育の現状を詳しく知っているわけではないから、現状の情報提供によって、世論が変わるかもしれない。情報を提供した調査と提供しない調査の二つを重ねるという新しい方法も検討した。加えて、教育段階ごとの教育費だけでなく、医療・介護・年金・雇用などの社会保障の支出を視野に入れるべきだと考えた。国家の教育財政や家計の教育費負担は、教育以外の支出とのトレードオフにある。「教育はとても大切」「教育は国家一〇〇年の計」というのはやさしいが、他の施策との選好順位によって、「とても大切な」教育が、二の次、三の次になったりする。そのような議論を重ねた結果、教育と社会保障をリンクさせた意識調査を実施することにした。

私自身は、長い間、教育の経済問題を実証的、合理的に分析し、その延長上で政策を議論するのが研究者の務めだと考え、教育政策に対する社会の意識や価値判断は今まで脇においてきた。いろいろな教育改革に及ぼす世論の潜在的な力が気になってはいたものの、「得体の知れない世論」「浮遊する教育世論」として、放り投げてきたが、長い研究経験の最後に、放り投げてきた世論を手にとって分析してみたいと考えた。私の研究経験の経緯と世論調査のつながりについては、第一章で詳しく説明する。世論調査の結果を受けて、共著者とともに、第Ⅱ部では、「世論は何によって決まっているか」を分析し、第Ⅲ部で、「世論と政策を取り結ぶ」いくつかの道筋を提案した。

教育熱心な〈教育劣位社会〉のゆくえ

「教育政策の世論が何によって決まっているか」という現状認識については、第Ⅱ部を参照してほしいが、本書では、国民の世論の総体を、〈教育劣位社会〉として特徴づけている。とりわけ、高等教育の劣位（優先順位の低さ）が際立っている。日本人が教育を軽視しているわけではない。教育は大事だと思っているが、限られた財源を教育、とくに高等教育に配分すべきだとする政治勢力は弱く、資金配分の優先順位が低いのである。

〈教育劣位社会〉との表現には、とんでもないという反論があるかもしれない。資源のない日本は、教育を最も大事にした国であり、「教育立国」「教育大国」「教育熱心国」と表現するのが適切だと批判されそうだ。国民が教育熱心であるのは間違いないし、為政者は、「教育立国」を国是として「教育大国」を目指していると言うかもしれない。

私たちとの認識との大きなズレが、日本の教育の曲がり角を暗示しているように思える。日本の教育の素晴らしさは、日本人よりも海外の日本研究者によって指摘されてきた。西欧的な近代化と工業化にいち早く成功したアジアの奇跡の国が日本であり、戦争の廃墟から見事な経済成長を遂げたのも、そして、石油ショックの国際的不況の中で成長を持続させたのも日本。この奇跡的成功の謎解きに共通した一つの解が、日本の教育水準の高さだった。バブル崩壊後の経済不況によって、日本の経済も教育も元気はないが、教育水準に対する海外の高い評価については、今でも素直に受け入れてよいだろう。ただし、海外の評価の焦点は、大衆教育の質の高さにある。つまり初中教育の量と質が日本の成功モデルの要であり、高等教育が成功モデルの範疇に入ったことはない。

世界一流の大学を作るべきだと言いたいのではない。それも大事だが、大衆教育の質をさらに向上させることが、優先されるべきこれからの教育政策である。しかも、大衆教育の質は、初中教育だけでなく、高等教育の質に左右される時代になっている。世紀の変わり目の二〇年ほど前から、世界の高等教育機関が、大衆教育を担う柱の一つになった。大学は、もはや一部の選ばれたエリートのためだけにあるのではない。大衆のためにある。激動している雇用構造の変化は、より広い大衆教育の質の向上を求めており、その仕事を担うのが高等教育である。高等教育の最劣位社会が、日本の大衆教育の歴史的栄光に陰りをもたらすかもしれない。

「世論と政策を結びつける」考え方と方法については、大衆教育の話題を含めて、第Ⅲ部で検証している。私たちの教育劣位社会論には多くの異論があるかもしれないが、本書の分析と解釈が批判的に検討され、「教育の経済問題」を解決する政策が活発に議論されるようになれば嬉しい。あわせて、給付型奨学金が、一時的かつ断片的な政治的話題に終わらないことを願っている。賛成か、反対かで一つの施策を結論するのではなく、その背後にある「教育の経済問題」の体系的な政策に、個別の施策を位置づけてほしいと思うからである。

参考文献
ＯＥＣＤ（経済協力開発機構）編著、徳永優子他訳 二〇一三、『図表でみる教育――ＯＥＣＤインディケータ 二〇一三年版』明石書店。

I

なぜ、世論調査か

第1章　教育政策を決めるエビデンスは何か
――平等・効率・世論――

矢野眞和

1　改革と政策を区別して考える

本書のはじまりの章として、世論が教育政策の意思決定にどのように関係しているかを考える枠組みを提示しておきたい。

政策の決定基準といえば、一般に「平等」と「効率」の二つがあげられる。平等主義的な基準は、しばしば政治的なものであり、価値判断によるところが大きい。効率は、経済的なものであり、ムダのない資源配分の方法を判断する基準とされている。この平等と効率の二つが教育政策にどのような影響を与えるか、あるいは、二つの基準からどのような政策的含意を導き出せるか。それを解明するのが政策研究の基本的スタンスである。ここで考えたいのは、世論という社会の測定指標が、平等と効率の政策研究にどのように絡んでくるのか、という問いである。この問いを理論的、かつ実証的に検証できれば、政策の意思決定をより立体的に把握できるようになると期待できる。

それが本書の全体的モチーフだが、この章では理論的な枠組みを提示する。そのために、次の三つのステップを踏んで説明しておきたい。やや迂遠だと思われるかもしれないが、世論調査を具体的に設計するための基礎作業にもなっている。第一のステップでは、私たちの想定している教育「政策」の範疇を明確にしておきたい。第二に、政策研究に欠かせない三つの要件を指摘する。そして、最後のステップで、「平等と効率と世論」の三つがどのように関連しているかを具体的事例に即して検討する。

まず、第一ステップ。日ごろから不思議に思っていることがある。日本の教育界もメディアも「政策」という言葉はあまり使わない。政策よりも「改革」が好んで使われる。政策という言葉は、政府の活動をすべて丸め込んだ言葉として漠然と使われているようである。政策の一部が改革だとしたら、改革以外の政策とは何なのか。為政者や政府やメディアはこの二つを区別しなくても困らないようだが、政策研究をする立場からすれば、政策の意味と範囲を確定しなければ、思考の手順が定まらない。

この教育政策の曖昧性に対して、社会政策（Social Policy）は、学問の専門分野としてコアになる理論的枠組みをもっている。社会政策は、経済学の一分野であるが、市場経済学の理論とは基本的に異なる。市場経済学は「需要」と「資源」の配分（allocation）問題に焦点があるのに対して、社会政策の鍵になっているのは、「需要」ではなく、「社会的必要（Social needs）」である。社会的必要は、現実の好ましくない状態を改善する必要があるという価値判断に支えられている。この正当化された社会的必要に応じて「資源」を「割り当てる（rationing）」のが社会政策である。社会政策の枠組みからすれば、教育の目標に応じて、投入する「資源（ヒト、モノ、カネ）」の「割当（効率的配分や公正的分配を含む)」プログラムを選択する基準を検証するのが政策研究の骨格になる。

この視点に立って、改革と政策を区別するのは、意味ある思考作法だと思う。行政の手段に着目して、次のように区分しておきたい。行政手段の一つは、法令やルールを変更し、活動の案・方針・計画を明示する方法である。法制度の変更であり、この方法を改革と呼ぶのがふさわしい。改革というのは、一般に制度論である。いま一つが、予算の割当に現れる「資源の配分や分配」を変更する活動であり、こちらを政策と呼んでおきたい。改革が制度論であるのに対して、政策は資源論である。したがって、世論調査でも、資源論に焦点をあてた意識調査を設計している。

制度論と資源論の二つを包み込むのが教育の理念である。理念の構築は精神論にもとづくが、精神論(理念やビジョン)を実態に結びつける手段の検証が制度論と資源論になる。この三つの論に分けて考えると、日本の政策は、理念を大事にする精神論が先行しすぎている。そして次に、精神を実践するための法令や制度が改正され、いつもそれが改革の柱になっている。財政は、最後に、改革を実現させるために「措置」される事項である。つまり、精神論→制度論→資源論という流れに沿って改革が進行する。この流れだけでは、あまりにも一方的にすぎる。それとは逆に、はじめに精神論と資源論の関係を検証し、その後に、資源の割当を有効に機能させるための制度を設計するという手順も重要である。私たちの「政策」研究は、こちらの手順を重視した発想である。

2 教育政策を構想するための要件——ビジョン・エビデンス・ファイナンス

次に、第二ステップを指摘しておきたい。精神論と資源論の関係を検証するアプローチから教育政策を構想するには、次の三つの要件がどうしても欠かせない。

第一に、教育と社会を結ぶ政策のビジョンがなければならない。教育は学校教育内部の出来事に閉じ込めるのではなく、より広い社会に開かれなければならない。というよりも、教育の直接的効果(アウトプット)が、社会に波及する成果(アウトカム)をもたらす。ここに教育の重要性と面白さがある。学校教育による学力や社会規範の醸成は、教育のアウトプットであり、そのアウトプットが社会に影響する成果がアウトカムである。経済的なアウトカムもあれば、社会の安定や信頼という文化的アウトカムも含まれる(国立教育政策研究所編 二〇一二)。したがって、教育のアウトプットとアウトカムの関連を考慮して、教育と社会のビジョンが構成される。たとえば「社会の不平等を是正する」という構想が、教育のビジョンになるのは、教育のアウトプットが、経済的アウトカムの一つである所得の平等化に貢献しているからである。

市川によれば、日本の教育政策の特質は、「マスコミによって政策課題が設定されがちであり、とくに一九七〇年代以降マスコミの影響力が強まってきた」ところにあるという(市川 一九九四)。マスコミが取り上げるのは、学校教育現場における「現在の個別的」テーマ(いじめ、学力、入試、就職難など)である。もちろん、それらは大事な課題設定であり、解決されるのが望ましいのはいうまでもないが、マスコミによる「現在の個別的」テーマの設定が、日本の教育政策の特質であるというのは少し寂しい。教育政策を議論するためには、現在よりも未来、個別性よりも総合性を視野に入れる必要がある。たとえば「二一世紀は知識基盤社会である」という中央教育審議会の指摘は重要だが、最近の審議会は、個別的テーマに追われて忙しく、長期的かつ総合的に知識基盤社会のビジョンを議論する時間をもっていないようである。「知識基盤社会だから独創性・創造性に富む人材が必要だ」とか、「生きる力が重要になる」という断片的な言葉は政策文書に書かれているが、それだけでは、教育と知識基盤社会の因果関係を説明したことにならないし、どのような知識基盤社会を構想し、設計しようとしているのか、そのビジョンは残念ながら伝わってこない。

第二に、教育の現状分析から政策を展開するためには、エビデンス（真偽を明らかにする証拠）がなければならない。政策研究としてあたり前のことだが、日本の教育界はエビデンスよりも理念を大事にする傾向が強く、エビデンスの影が薄い。ＯＥＣＤが証拠に基づいた政策（evidence-based policy）の重要性を強調するようになったのは一九九〇年代からのことだが、惣脇によれば「日本の教育界でエビデンスという言葉が広く知られるようになったのは、二〇〇五年の中央教育審議会の義務教育特別部会において、エビデンスに基づく議論が提唱されてからであろう」という（ＯＥＣＤ編　二〇〇九）。ゆとり教育と学力低下との関係が争点になった審議会である。学力問題のみならず、エビデンスに基づいた政策研究の蓄積がなければ、理念を支える実のある政策論争にならない。

第三に、政策を具体化するためには、教育に投入される資源、とりわけ重要なファイナンス（財政）が積算されなければならない。政策を研究する場合にも、財政の裏づけを検証しておかなければ、机上の空論になってしまう。ところが、日本の教育行財政研究をリードしてきた市川は、次のように指摘している（市川　二〇一〇）、「教育政策と教育行政の主要な手段は法令と予算であるが、従来の研究は立法過程や法令解釈に偏し、予算配分や財政構造の研究は乏しかった。しかし、予算配分や財政構造は、教育政策や教育行政の本当の狙いを明らかにしてくれる点で重視される必要がある」。予算配分や財政構造に政府の真の狙い（本音）が表出するにもかかわらず、財政面の研究があまりにも少なかったという。

わが国では、実践的にも、学術研究においても、法令に偏った制度論が支配的であり、資源論の政策に乏しかったということになる。私たちの定義している教育政策を構想するためには、何を長期的な目標にするかというビジョン、目標を達成するための手段としてのファイナンス、ビジョンとファイナンスを結びつけるエビデンス、この三つは欠かせない要件になる。

3　平等・効率のエビデンスと世論

政策を資源論に限定するのは、教育政策として狭すぎると思われるかもしれない。しかし、学校教育に介入する行政府の諸活動の中で最も重要なのは、教育現場の環境を整備するところにある。子どもの育て方を云々する教育論も必要だが、終わりのない熱い教育論争とは中立的に、子どもが育ちやすい環境を整えるのが行政の最優先事項だと私は考える。教育に投入する資源の量と質が教育成果の質を規定すると考えなければ、教育政策の議論は成り立たない。

そこで、最後のステップを検討しておこう。政策を研究する立場からすれば、精神論と資源論との関係を検証するエビデンスが何よりも重要になる。資源の配分と分配を検証する基準を提供してくれるのが、平等と効率の普遍的原理である。この原理に即した政策研究が貧弱になると、ビジョン・エビデンス・ファイナンスが見えなくなってしまう。精神と制度に偏った不均衡を是正するために、資源論からの教育政策を取り上げ、その特質を説明しておこう。

国際的な政策研究からすれば、教育政策の課題は、次の三つに集約される(Psacharopoulos 1986)。①アチーブメントを成果とする教育内部システムの効率性(internal efficiency)、②卒業生の就業・失業を成果とする外部効率性(external efficiency)、③教育機会の平等性(equality)。この三つはすでに国際的には共有された常識的な政策課題であり、しかもこの三大問題に悩まされてきたのが世界の教育である。資源論の政策は、決して狭すぎるわけではなく、教育問題の中核を占める重いテーマなのである。

この三大課題に関連した言葉が審議会答申のあちこちに登場しているのは確かである。しかし、それらが正面から取り上げられ、検証されてきたとはいえない。検証せずに済まされてきたのは、経済的豊かさによって、学校教育が恵まれた環境におかれてきたからである。一九九〇年までの経済成長期間は、教育熱心な家族と安定した雇用環境のおかげで、学力問題(学習効率)も就職問題(雇用効率)も深刻にならず、家計所得の上昇と進学率の上昇によって、機会の不平等が目立たなかった。三つの政策課題が、教育界の努力ではなく、家族と会社の努力によって解決されてきたといえる。ところが、その後に続く不況期に、大学進学機会の不平等化がすすみ、生徒・学生の学力低下(学習効率)が顕在化し、就職難による雇用効率の低下が目立つようになった。三つの課題を解決するための資源論が政策論議の中心になってもおかしくない環境にある。

この議論を先に進めるためには、政策の決定に役に立つエビデンスを収集し、検証しなければばいけない。そこで、本書で考えるエビデンスの範囲を三つの政策課題に即して整理しながら、社会の意識ないし世論がどのように関係してくるかを説明しておきたい。

(1)「不平等と政策」を媒介する世論

わが国では、大学の授業料を家計が負担するのはあたり前のこととして受け止められ、しかも学生支援体制の乏しい特殊な国である。主な国の学生支援政策については、専門書を参考にしてほしい(小林編 二〇一二)が、アメリカばかりを見ている人が多く、ヨーロッパ大陸の大学の授業料がタダであることを知る人は少ない。どちらが優れているか、どちらを真似るのが望ましいか、を考える前に、政府のお金(税金)も家計のお金も、同じ国民のお金であることを確認しておくことが肝要である。北欧の平等主義的教育システムは、国民が納税した財政資金を活用して、かれらの社会ビジョンを実現させた結果である。四年間に支払う授業料を生涯にわたって政府に分割払いすれば、授業料は税金に化ける。日本の二八〇万人の大学生が支払っている授業料の総額は、消費税一%(二・五兆円)にほぼ匹敵する。つまり、消費税一%の税収規模は、大学の授業料を無償にする財源に匹敵する。こうした大まかな財政の規模感がなければ、財政政策を構想することはできない。

重い教育負担のために、家計が無理をしており、しかも進学格差が大きい。こうした実情については、小林が丁寧な分析を行っている(小林 二〇〇八)。機会の不平等は、教育社会学のメインテーマの一つであり、国内のみならず、諸外国で多くの研究蓄積がある。家計所得だけでなく、親の職業や学歴、地理的条件、ジェンダーなどによって大学へのアクセスがどのように異なっているか、という個人レベルの研究がとくに多い。不平等研究をレビューしたマクダナーとファンは、結論で、「実に驚くべきことにも、この四〇年間にわたり大きな政策努力がなされてきたにもかかわらず、今日における低所得層と高所得層の学生間での大学進学率の格差は、一九六〇年代とほぼ同程度である」というアメリカの報告を紹介している(ガンポート編 二〇一五)。そして、マクダナーらは、個人レベルの研究だけでなく、高校の教育体制、入学制度、さらには政府の政策などを含めて、不平等の相互依存性を解明する必要性を指摘している。

しかし、日本の研究蓄積からすれば、まず家計所得による進学格差の実態を把握し、その格差を是正するための政策(教育費負担のあり方や奨学金)を検証する個人レベルの研究から手がけなければならない。そして、国民の教育観と不平等の関係を理解しなければ、平等政策を具体的に展開する道筋が描けない。そう考える理由を三つ指摘しておきたい。

第一に不思議なのは、所得による教育機会の不平等という基本的な実態について、確かなことを誰も知らないということである。アメリカの研究のように、低所得層と高所得層の進学率格差が、四〇年間ほとんど変わらないといった証拠もなければ、この経済不況によって不平等化したという証拠が必ずしも明らかになっているわけでもない。学術的関心から周辺データを用いて推計した研究、および小林の著書に紹介されている単年度の学術調査はあるが、政府は、この不平等の実態を明らかにしてくれるエビデンスを持ち合わせていないのである。

一般に、政府統計の存在の有無は、社会的関心の有無の反映である。エビデンスの欠如は、社会的関心の欠如である。マスコミが重い教育費負担を取り上げることはあるが、一過性の話題になっても、政策に結びつくことはない。「授業料が高く、学生支援が未整備」の日本の不平等に、政府だけでなく、為政者も国民もあまり関心をもっていないのである。不思議なことだと思う。この謎の解明は、かなり面白い研究テーマである。わが子の教育には強い関心があり、無理をして進学させようと頑張るが、その結果としての社会の不平等にあまり関心を示さない。わが子中心の教育観、および親子が一体になった家族観を想定すれば、教育費の負担問題は、経済論理のテーマであるというより、家族社会学的なテーマだといえる。

第二に、こうした無知と無関心は、機会の不平等が価値判断の問題であることを示している。不平等は普遍的な政策課題であり、その実態を把握するためのエビデンスが必要になる。しかし、たとえその事実が明らかにされたとしても、そのエビデンスによって政策が決まるわけではない。先にも述べたように社会政策の鍵になるのは、「社会的必要（Social needs）」である。社会的関心が弱いということは、現実の不平等状態を改善する必要があると世間は考えていないということになる。しかし、その一方で、社会的必要は、時代によっても、国によっても変わってくる。北欧の社会的必要は、歴史とともに創られてきた社会ビジョンの反映であり、日本のそれも過去の歴史の影響だが、未来永劫に変わらないわけではない。教育機会の社会ビジョンは、社会的必要の承認と財政政策の裏づけがなければ実現しない。

したがって第三に、教育機会の不平等と政策の結びつきは、不平等の客観的なエビデンスによって論理的に決まるわけではない。世論の多数決的判断が必要になってくる。佐藤の言葉をかりれば、「機会の不平等の是正は、社会の大多数の成員が受け入れ可能な価値観にもとづくしかない。こちらの方が論理的に明解だとか、絶対的な真理だとかいった理由では進めることができない課題なのである」(佐藤 二〇一二)。

不平等と政策の間に家族の教育観や社会の意識を置いてみれば、新しい政策研究が展開できるのではないか。これが今回の教育政策の世論調査を実施することにした一つのきっかけである。その成果の一端は、第Ⅱ部で紹介する。

(2) 学習効率のための資源配分――揺らぐ学力政策と社会の教育観

世間一般の親が学校に期待しているのは、「学年にふさわしい学力を身につけてほしい。友達と楽しく学校に通ってほしい」の二つに尽きるのではないか。この期待に応えるように学校は努力しているはずだが、残念ながら、「学力低下」と「いじめ」は、メディアにしばしば登場する話題である。そのたびに教育改革が叫ばれてきたが、その解決は、素人からみれば簡単なようでも、専門家からみればすこぶる難しい。ここでは資源配分の政策から、難問の所在を考えておきたい。

先述のように教育の目標に応じて、投入する「資源(ヒト、モノ、カネ)」の効率的配分を検証するのが政策研究の基本形である。その代表的事例が、学力の向上を目標にした教育の生産関数アプローチである。学力がアウトプットであり、インプットされる資源が、教員の人数や資格、クラス規模、生徒一人あたり教育支出、施設・設備などである。「少人数学級にすれば、あるいは教育支出を増やせば、学力が向上するか」という古典的な問いである。いじめの減少を教育目標にしても同じ問いになる。

しかし、注意しておかなければいけないことがある。教育という営みの特徴は、教える側の資源だけが「教育目標を達成する資源ではない」ところにある。教育は一種のサービス産業だが、「おもてなしのサービス」とは根本的に異なる。おもてなしのサービスは、おもてなしする側の努力でサービスの質が決まるが、教育というサービスは、決してそうではない。学ぶ生徒側の努力と協力がなければ、教育のアウトプットは向上しない。同じ教育をしても、生徒によって成果は大きく異なる。学力やいじめといった教育の成果は、「教師側（供給側）と生徒側（需要側）」の共同生産物（joint product）なのである。あらゆるサービスの成果は、すべて共同生産物だが、教育ほど需要側（生徒）の影響が大きいサービスは存在しない。この教育サービスの特殊性を念頭において、教育の生産関数アプローチを理解しなければいけない。

したがって、このアプローチでは、教師側の資源に生徒側の資源を加えて、それぞれの資源と学力の因果関係が分析される。学力問題については、大部な学術論集が編纂され、学力の論争、展開、批判、さらには学力研究の最前線も収録されているので、そちらを参考にしてほしい（山内、原編二〇一〇）。学力が、教師側の要因よりも、「親の社会階層」に強く規定されているという研究成果は、教育社会学においてはもはや常識である。しかし、教師側の要因と生徒側の要因を分離して検証できれば終わるわけではない。共同生産物の成果は、教師と生徒の相互作用が重要な要因だが、相互作用やお互いの相性などを特定するのは難しい。複雑な相互作用から構成されているのが教育の現場である。クラス規模を小さくしても、学力やいじめについての効果がはっきりしないのは、クラス規模以外の要因を一定に保つ実証研究が難しいからである。生徒一人あたりの教員数、教師の経験や給与、一人あたりの教育支出や施設の効果についての先行研究をレビューした結果によると、政策の意思決定に有効な証拠が提供されているわけではないという(Hanushek 1995)。

その一方で、学力を規定する要因は特定できると考える楽観的な政治勢力もある。その例がブッシュ政権下で成立したアメリカの連邦教育法「おちこぼれをつくらない法(No Child Left Behind Act of 2001)」(NCLB法)だろう。この目的と方法は、全国共通テストの実施によって、学力達成の責任の所在を明確にすることにある。テストの目標を達成できない学校名が公表される一方で、補助金も与えられ、教育技術の指導や教師の質の向上策も組み込まれている。学校の管理形態の変更も迫られ、学校運営を民間会社に委託する道も開かれている。悪くなさそうに思われるかもしれないが、アップルは、「もっともらしい因果関係を想定してつくられた「政治ショー」だ」と強く批判している(Apple 2006)。

このNCLBを引用して中室は、「この法律の中で、実に一一一回も用いられている象徴的な言葉があります。それが「科学的な根拠に基づく」というフレーズです」と紹介している(中室 二〇一五)。「エビデンスに基づいた」議論と政策が極めて重要だということを強調した一文である。その主張には賛成だが、NCLBが成功したかどうかは、別の問題である。アップルの批判のみならず、NCLBが成功したという話はあまり耳にしない。学力政策が生産関数アプローチのエビデンスによって決着するとは考えにくいが、アメリカの研究に学ぶことは大事だし、中室が紹介している次の二つの研究成果を参考にしながら、日本でのエビデンスを重ねる必要性は大きい。

一つは、複雑な教育=学習過程の分析には、ランダム化比較という実験計画が望ましいということとである。新しい教育方法(あるいは少人数教育)を導入するクラスと従来の教育方法のクラスの二つに分けて、どちらのクラスに生徒が所属するかをランダムに(くじ引きで)決める。ランダムに子どもを分ければ、教育方法以外の投入資源が同じだから、クラスによる学力効果の差は、教育方法の効果だと判定できる。医療や健康の領域ではよく知られた実験法だが、アメリカでは、教育の分野でも実施されている。

いま一つは、学力テストのような認知能力よりも、非認知能力が将来のキャリアに効果があるという研究成果である。非認知能力とは、やる気、忍耐力、自制心、誠実性、協働性といったものである。有名なのがノーベル経済学者ヘックマンの研究である(ヘックマン 二〇一五)。幼児教育の効果を測定するために実験されたランダム化比較の対象者を長期に追跡した結果によると、年収に与える効果があるのは、認知能力ではなく、非認知能力だという。最近のアメリカの教育論は非認知能力に関心がシフトしている(タフ 二〇一三)。学力よりも汎用能力、人間力、社会人基礎力という言葉の登場と同じだが、日本の場合、そのエビデンスはほとんどなく、言葉だけが踊っている。

近年の日本の学力政策は、「ゆとり重視か、学力重視か」の間を揺らいできたが、教育＝学習過程の複雑さに非認知能力の重要性が重なると、学力政策の方針はますます定まらず、さらに揺らいでしまう。教育現場にとって最も大事なのは、よりよい教育実践のための日常的な創意工夫であり、日々努力している学校および教師をサポートする精神的支援と経済的援助である。最適な効率的システムが設計できると考えるのは楽観的にすぎよう。もし最適な教授システムがあるとすれば、国を越えて同じシステムに収斂するはずである。しかし、教室のクラス規模や教員の給与や公的支出額は、国によって大きく異なっている。合理的に資源配分が決まるというよりも、「このぐらいが適切な水準だろう」という社会の意識と歴史的経験が積み重なって、現在の教育水準が社会的に構成されていると考えられる。

資源配分の生産関数アプローチは、［資源⇩学力］という閉じた系を暗黙に想定している。学習効率を検証するためには、生産関数アプローチによるエビデンスが大事だが、それだけに話を限定せずに、学校教育や教師に対する社会の信頼や教育観といった世論の影響を考慮する必要があるだろう。資源の投入量は、社会の意識から影響を受けるだけでなく、成果としての学力が社会の意識を形成している。したがって、［資源⇩学力］という閉じた系ではなく、［社会意識⇩資源⇩学力⇩社会意識⇩資源――――］という開かれた系を想定する必要があるだろう。このような循環系を考えるのは、社会意識は過去の教育成果に規定されるからである。

（3）雇用効率と労働市場――誤った二つの通念

学力といえば、もっぱら初等中等教育の問題だが、現在は大学生の学力低下が大きな話題になっている。大学の新入生に対する基礎学力の教育はかなり浸透してきたが、大学教育の大きな問題は、専門教育の学習効率と卒業後の雇用効率の関係が見えないところにある。この関係が分からなければ、学生の学習意欲も湧いてこないと思うが、日本の大学は、それが見えないままに、あるいは見ようと努力もせずに、放置してきた。放置されてきたのは、次の二つの通念を信じている者が多いからだろう。

第一は、大学の専門知識や学業成績は、将来のキャリアに関係がないという通念である。アメリカの最新教育論が非認知能力の重視にあるというなら、日本企業の大学教育論は、昔から最先端であり、非認知能力主義だった。企業の採用は、学生の専門的知識や学業成績という認知能力ではなく、やる気・バイタリティー・勤勉性・協調性といった非認知能力を重視してきた。そして、企業の人事課は、大学の専門知識(認知能力)に期待していないとしばしば公言してきた。

しかし、本当に大学教育は役に立たないのか。認知能力よりも非認知能力が重要だと断定してしまっていいのか。私のエビデンス研究からすれば、かなり怪しい説だが、通念に素直な学生たちは、専門知識の修得を気にせずに、会社にアピールできそうな自分の非認知能力を探して就活に励んでいる。これでは、評判の悪い大学教育の質がますます悪化しかねない。通念を疑い、修正できるエビデンスが必要だが、そのために有効なアプローチは、卒業生のキャリア調査である。松繁たちの国立大学卒業生の調査によれば、世間の通念に反し、さまざまな局面において、学業成績は卒業後の人生に有意な影響を与えている(松繁編 二〇〇四)。また浦坂ほかによる経済学部の卒業生調査によれば、基礎的な数学力を身につけた者が、高い学業成績をあげ、数学力と学業成績の高い者ほど、生涯にわたってより多い所得を獲得し、より高い職位に昇進し、転職時でも収入面において有利な条件に恵まれている(浦坂ほか 二〇〇二)。

私たちも工学部卒業生のキャリア調査を実施し、その結果に基づいて、「学び習慣」仮説を提唱した(矢野 二〇〇九)。卒業生の現在の所得を最も強く規定しているのは、大学時代の学習ではなく、現在の本人の能力である。現在の能力次第で現在の経済的地位が決まっているというのはあたり前のことであり、実力主義の反映として喜ばしい。ここで重要なのは、「何が現在の能力を規定しているか」という問いである。第8章で他の例を紹介するが、現在の能力を強く規定するのは、卒業時の能力である。そして、卒業時の能力を規定しているのが大学時代の熱心な学習である。言い換えれば、大学時代に勉強しない者は、卒業後も勉強せず、現在の能力が向上しないのである。この学びの連鎖を「学び習慣」とよぶことにした。大学教育は、卒業後のキャリアに直接的な効果をもたらすわけではなく、卒業後の学びと連動して間接的な効果をもたらしている。間接的であるだけに、効果の測定が見えにくく、気づかれることも少ない。通念を打破するエビデンスをさらに開発する必要はあるが、学生たちには「誤った通念を信じていると、あとになって後悔するよ」と伝えておきたい。

第二の通念は、学生数が増えれば、つまり大衆化すれば、大学に進学するメリット(効果)は小さくなるという思い込みである。したがって、大学進学率が五〇%ほどになる今の大学に無理して行く必要がないと思っている。家計の重い教育費負担に社会的関心が払われない一つの理由は、メリットのない大衆大学に税金を投入するのはムダだと感じているからだろう。

この大衆大学軽視は、大きな誤りである。アメリカでは一九九〇年代から、ヨーロッパでは二〇〇〇年に入ってから、日本も二〇〇〇年代から、大学進学率が上昇したにもかかわらず、大学進学のメリットは大きくなっている。通念とまったく反対の動きをして、高卒と大卒の学歴間格差は拡大しているのである。

もう一つ重要なエビデンスがある。大衆化すればメリットがないという通念の背後には、学業成績の高い者の進学メリットは大きく、学業成績の低い者のメリットは小さい、という思い込みがある。大学は一部の優秀な者が行くところ、というエリート主義的大学観である。しかし、中学校時代の学業成績別に教育のメリットを計測した分析によれば、中学の学業成績が中位あるいは低位でも、高位とあまり変わらないメリットがある。誰でも勉強すれば報われるのである。

この二つの通念に関する雇用効率のエビデンスについては、最近の著書で詳しく分析したのでそちらを参考にしてほしい(矢野 二〇一五)。その結果によれば、大学教育に税金を投入することはムダではなく、社会全体を豊かにする公共投資だといえる。学習効率の計測は不安定だが、雇用効率はかなり安定的に検証できる。ところが、大学教育への税金の投入を増やすという政治勢力はほとんどなく、財政削減の対象になっている。効率的に資源配分するのが合理性的な政策判断だが、教育界は、効率が政策に結びつかない不思議な世界である。効率のエビデンスが教育界のみならず、世間一般にも伝わらないのは、エビデンスの不足もあるが、世間の通念があまりにも根強いからでもある。雇用効率の客観的なエビデンスよりも、国民の意識が教育の「効率観」を規定しているようである。

4　世論と政策を結ぶための意識調査の設計

この四〇年あまり、政策研究に深い関心をもって、よりよい教育システムの設計図を描くように努めてきた。そのためには、教育の平等性と効率性の実態を明らかにする実証分析が必要だと考えた。とくに、投入される資金である国の財政と家計の教育費からの分析が不可欠である。教育の経済分析という研究領域に足を踏み入れたのは、私にとっては必然的だった。

それなりに意味のある政策研究だと思っていたし、証拠に基づいた政策を提案しているつもりだったが、教育界にも、世間にもその声は伝わらないように感じられる。世間の思い込みが強すぎるのではないかと嘆いてみたり、無知な世論を啓蒙した気分になったり、専門家の研究として意義があればいいだろうと慰めたりして、教育政策に対する社会の意識を今まで脇においてきた。教育世論の潜在的な力を気にはしていたが、「得体の知れない世論」「浮遊する教育世論」(矢野 二〇〇一)として、放り投げてもきた。

しかし、世論が何をどのように考えているかは、政策を決める重要な要素であるのは間違いない。世論の考え方には、それなりの意味が込められている。専門家の啓蒙主義的物言いよりも、世論の判断のほうが賢明な場合もあるだろう。政策が誤っていることを指摘するだけでなく、政策に対する世論の判断を理解したうえで、問題の所在を再認識することが先ではないかと自問するようになった。

こうした自省の延長上に企画したのが、今回の教育政策の世論調査である。「得体の知れない世論」を政策研究の視野に入れ込みたいと考えた。平等や効率によって、政策が決まるわけでもなく、平等支持派と効率支持派の間のどこかに世論が位置づけられるわけでもなさそうである。平等性も、効率性も、社会の意識から影響を受けており、平等と効率の対立図式ではなく、世論を加えた三つの要素が相互に作用する枠組みを想定する必要がある。そこで、費用負担と財政(税)の意識調査を中心にすえて、教育政策と社会保障政策を比較し、教育政策に対する国民の世論の特徴と性質を把握することにした。そのために設計した世論調査計の枠組みと内容を、次章で紹介する。

続く第Ⅱ部では、「世論は何によって決まっているのか」という視点から、「世論にみる教育劣位社会像」(第3章)、「政策の世論を規定しているのは階層ではない」(第4章)ことを明らかにし、第5章では「情報は教育世論を変えるか」を検証する。第Ⅲ部では、「世論と政策を取り結ぶ」ことに着目し、「「大学教育の社会的利益」に反応するのは誰か」(第6章)と「政策という手段を見失っている若者世代」(第7章)の特質を抽出している。最後の第8章では、本章の理論的枠組みに即して、ビジョンとエビデンス(平等・効率・世論)とファイナンスを結びつける政策研究の一つのコンセプトを示した。

参考文献

市川昭午　一九九四、「教育政策研究の課題」『日本教育政策学会年報』第一号、八月書館。

市川昭午　二〇一〇、『教育政策研究五十年――体験的研究入門』日本図書センター、二六頁。

浦坂純子・西村和男・平田純一・八木匡　二〇〇二、「数学学習と大学教育・所得・昇進――「経済学部出身者の大学教育とキャリア形成に関する実態調査」に基づく実証分析」『日本経済研究』第四六号、二二―四三頁。

OECD教育研究革新センター編著、岩崎久美子他訳　二〇〇九、『教育とエビデンス――研究と政策の協同に向けて』明石書店。

OECD編著、徳永優子他訳　二〇一三、『図表でみる教育――OECDインディケータ　二〇一三年版』明石書店。

苅谷剛彦　二〇〇一、『階層化日本と教育危機――不平等再生産から意欲格差社会へ』有信堂高文社。

パトリシア・J・ガンポート編著、伊藤彰浩他監訳　二〇一五、『高等教育の社会学』玉川大学出版部。

国立教育政策研究所内国際成人力研究会編著　二〇一二、『成人力とは何か――ＯＥＣＤ「国際成人力調査」の背景』明石書店。
小林雅之　二〇〇八、『進学格差――深刻化する教育費負担』ちくま新書。
小林雅之編著　二〇一二、『教育機会均等への挑戦――授業料と奨学金の8カ国比較』東信堂。
佐藤俊樹　二〇一一、「「奪われなさ」と平等原理」宮寺晃夫編『再検討　教育機会の平等』岩波書店。
ポール・タフ、高山真由美訳　二〇一三、『成功する子失敗する子――何が「その後の人生」を決めるのか』英治出版。
中室牧子　二〇一五、『「学力」の経済学』ディスカヴァー・トゥエンティワン。
ジェームズ・J・ヘックマン、古草秀子訳　二〇一五、『幼児教育の経済学』東洋経済新報社。
松繁寿和編著　二〇〇四、『大学教育効果の実証分析――ある国立大学卒業生たちのその後』日本評論社。
矢野眞和　二〇〇一、『教育社会の設計』東京大学出版会。
矢野眞和　二〇〇九、「教育と労働と社会」『日本労働研究雑誌』第五八八号。
矢野眞和　二〇一五、『大学の条件――大衆化と市場化の経済分析』東京大学出版会。
山内乾史・原清治編著　二〇一〇、『論集　日本の学力問題　上・下』日本図書センター。
Apple, Michael W. 2006, "Markets and Measurement: Audit Cultures, Commodification, and Class Strategies in Education"（山本雄二訳「市場と測定――教育における監査文化・商品化・階級戦略」『教育社会学研究』第七八集、二五―四四頁、二〇〇六年）
Hanushek, E. A. 1995, "Education Production Functions", in M. Carnoy (ed.) 1995, *International Encyclopedia of Economics of Education 2nd* ed., Pergamon.
Psacharopoulos, G. 1986, "The Planning of Education: Where Do We Stand?", *Comparative Education Review*, Vol. 30, No. 4, 567.

第2章　教育世論を測る——調査の枠組みと回答者の基本属性

濱中淳子・小川和孝

1　既存調査の限界

教育をめぐる諸問題について、人びとがどのように考えているのか。こうした点を明らかにしようとする調査は、日本においても、戦後まもなくという時期から、政府やマスメディアによってしばしば行われてきた。個別施策への関心やニーズ、あるいは評価の分布が明らかにされ、政策策定者が力を入れるべき点を指し示す。資料として担ってきた役割は大きかったものと推察される。

ただ、これら調査を概観すれば、その分析が、いわば表面的なものに終始しているように見受けられる。「学力の向上問題に関心がある人が◯◯パーセント」「キャリア教育や職業教育の充実が重要だと考えている人が△△パーセント」「公的な機関での生涯学習に取り組んでみたい人が□□パーセント」といった理解での利用がほとんどであり、変数同士の組み合わせの中でみるにしても、性別や年齢との掛け合わせにとどまっている。なぜ、この結果になるのかといった解釈が加えられることも少なく、何よりも財政面を扱った質問が加えられることはほとんどない。「精神論」「制度論」まではたどり着いても、「資源論」までたどり着かない。まさに第1章で論じた教育論議の限界が、調査にも反映されたかたちとなっている。

しかしながら、以上が世論調査の特質であり、限界かといえば、そうではない。いま少し視野を広げて教育領域以外の調査にまで目を向けると、福祉や社会保障の領域に関しては、研究者によって一歩踏み込んだ世論調査が、二〇〇〇年頃から試みられるようになっていることが注目される。

その代表的な試みのひとつが、経済学者である橘木俊詔らが二〇〇五年に実施した「公共支出と最適負担に関する国民の意識調査」である（その調査データを用いた主な成果として、橘木編 二〇〇七）。年金や医療、介護といった社会保障制度、あるいは望ましい国民負担率などに焦点をあてて国民の選好を明らかにしたこの世論調査の結果は、「効率性の観点から考えたときに抽出される望ましい施策との距離」を検討するというスタンスで使用されている。単に世論の分布を提示するだけでなく、世論が有している問題性について疑問符を投げかける。橘木自身による「経済の専門家として、私たちの（科学的な経済分析による）研究でわかったことを国民に啓蒙していく必要性がある」（前掲書二二七頁）という記述に、その姿勢がクリアにあらわれているように思う。

他方でいまひとつ大きな動きとして、社会学者である武川正吾を中心とするグループが行った調査を挙げることができる。この調査は、橘木らの調査とは異なったアプローチをとっており、社会学者のグループらしくといったところだろうか、社会経済的要因にかかわる変数を積極的に取り入れ、人びとの意見の深層部分に属する信念や態度にせまることを目的としている。二〇〇〇年「福祉と生活に関する意識調査」、二〇〇五年「福祉と公平感に関するアンケート調査」、二〇一〇年「社会保障意識調査」と三度にわたって調査が行われており、オリジナリティを追求しながらも、国内外の既存調査との比較も可能な設計にしたという点で特徴的なものとなっている(その成果は、武川編 二〇〇六、武川・白波瀬編 二〇一二など)。

いずれの調査も、従来型の世論調査を超える興味深い試みとしてみることができる。個別施策への意見のみならず、国民の社会観、ひいては日本における民主主義の意味合いを理解するための手がかりも与えてくれる重要な研究であることは言うまでもない。ただ、とりわけ私たちの問題関心からこれら調査を見直した場合、次の「三つの欠如」からその限界が指摘できるように思われる。

第一は、「教育施策をめぐる項目の欠如」である。橘木らや武川らが関心の中心に据えている福祉や社会保障の問題は、考えてみれば、教育施策をどうするのかという点と大きく絡んでくるはずだ。ブレア政権時にイギリスで打ち出された「第三の道」など、そのわかりやすい例であろう。すなわち、教育による国民の自立支援を通して、福祉や社会保障の軽減化をも目指すという政策である。教育政策は、機会の平等に貢献し、ときには効率性の向上にもつながる。他方で福祉政策は、絶対的な不平等の削減に重点を置く。個人の人生を誰がどのように支えるかは、この二つの組み合わせの中で検討されるべきであるにもかかわらず、以上の調査は教育に対する配慮が——まったく無視されているわけではないものの——不十分なものになっている。

第二は、「優先順位という観点の欠如」である。財源が限られており、実態として財源確保に苦慮している側面がある以上、さまざまある施策をどのように調整すべきなのかといった視点を含めた検討を加える必要がある。しかしながらこれらの調査は、基本的に各施策について政府が積極的に取り組むべきかを独立して尋ねており、誰がどの政策領域への重点的支出を望んでいるか、十分に明らかにできる設計になっていない。第一の点で記した「教育と福祉・社会保障との組み合わせ」とも関連して、欠かすことができない視点であるように思う。

そして第三は、「問題の難解さへの配慮の欠如」である。社会保障や福祉といった政策のあり方を判断するにあたって、日本社会の現状や施策の効果など、知っておくべき情報は多岐にわたる。ふだんから積極的に情報を収集する姿勢をもっていなければ、根拠とすべき情報が不十分だということも多々あると推察され、だとすれば、質問に対してある意見が寄せられたとしても、それがどのような情報を前提に答えられたものだったのか、留意する必要があろう。橘木らの調査では、二〇〇四年の年金改革や国民負担率に関する情報を組み入れた質問なども設定しているが、その情報も断片的なものにすぎず、多様に広がる情報の何がどのような反応を導いているのかを吟味することが大事であると考えられる。

2　調査の設計

(1)　本調査の枠組み

さて、以上で説明した既存調査の限界を念頭に置いたうえで、教育世論を知るための質問紙調査として設計したものが、本書で分析していく「教育と社会保障に関する意識調査」になる。その主な特徴は、いずれも「既存調査の限界の裏返し」となるが、改めて整理すれば、次のようにまとめることができよう。

政策イシュー＼領域	A. 教育			B. vs.その他ヒト	C. その他全体
	A−1 義務教育	A−2 高校	A−3 大学	雇用 医療・介護 年金	
	●塾・私立に頼らない学力向上＝教員の質向上や少人数学級	●実質無償化 ●進学校重点化 or 職業高校充実	●授業料減額(無償化) ●奨学金のあり方		
Ⅰ. リスク認知 ※どのような現状認知？ ※家族での対応可能性	Q	Q	Q	Q	
Ⅱ. 関心度	Q	Q	Q	Q	Q
Ⅲ. 資源配分 ※誰・どこに優先的に配分するべきか (エリート or マスなど)	教育システム内で Q	Q	Q	対雇用／医療・介護／年金 Q	対公共事業 Q
Ⅳ. 費用負担 ※誰からどれだけ取るのか	誰から：個人負担(ローン or 給付，親 or 本人)か，社会負担か どれだけ：社会負担の適正規模(税金負担増に対する考え方) Q	Q	Q	Q	福祉国家をめぐる価値意識 Q
Ⅴ. 格差感と社会全体の再分配のあり方				Q	格差／所得再分配方式への意見 Q

Ⅵ. 基本属性

Q　基本属性(年齢，出身学歴，性別，世帯年収，家族構成など)
Q　支持政党・投票行動

Q　社会観(あるべき社会への考え方)
Q　家族観(子育ての考え方)
Q　教育効果観(教育の効果に対して，どのような認識を持っているのか)

※　教育社会の現状に関する情報提供の有無
(質問紙を2種類作成し，片方は情報を提供したうえで質問，片方は情報を提供せずにそのまま質問，といった仕掛けを設けた)

図 **2-1**　本調査の枠組み

第一に、教育領域のみならず、雇用、医療・介護、年金領域、そしてその他として公共事業なども視野に含めながら、教育世論の相対的な位置づけを把握するよう努めた。また、教育領域の中についても、義務教育、高校、大学それぞれの関係性を検討できるようにした。

第二に、費用負担ならびに資源の有限性の問題に配慮した。誰からどれだけ取り、限られた資源を、誰あるいはどこに優先的に配分すべきか、といった観点からの分析が可能になるような設計にした。

これらの設計について図示したのが図2-1になる。横軸に政策領域（教育、雇用、医療・介護・年金）をとり、縦軸に政策内のイシュー（リスク認知、関心があるかどうか、望ましい資源配分のあり方、誰が負担すべきか、格差についての認識）をとった。これら二つの軸によって作られるそれぞれのセル上に、個別の設問が位置づくことになる。また、年齢、出身学歴、性別、年収、支持政党などの属性項目によって、個々の設問の回答パターンがどのように異なるかを検証できるように配慮した。

そして第三の特徴として、一部の設問において、片方には施策を判断するために参考となる情報を提示し、もう片方には入れないという、二種類の質問紙（「A票」および「B票」）を用意した。これらをサンプルに対してランダムに割り当てることによって、二つの質問紙の比較から、抽出された世論の実態が揺らぎやすいものなのかどうか、議論できるようにした。とくにこうした設計を活かした分析は、第5章ならびに第6章で行う。

（2）三回の調査の実施

表 2-1　3 つの調査の概要

	富山調査	東京調査	全国 WEB 調査
調査時期	2010 年 2 月	2011 年 1 月〜2 月	2011 年 11 月〜12 月
母集団	2009 年 12 月 1 日時点で富山県内に居住する 20 歳から 79 歳の男女	2010 年 12 月 1 日時点で東京都内(島しょ部を除く)に居住する 20 歳から 79 歳の男女	2011 年 10 月 1 日時点で日本国内に居住する 20 歳から 79 歳の男女
標本	富山県内の 4 市 2 町における選挙人名簿から抽出	東京都内の 6 区 3 市における選挙人名簿から抽出	(株)ジャパンマーケティングオペレーションズの登録モニター
標本抽出方法	第一段階を市町，第二段階を投票区，第三段階を個人とする三段抽出により 5000 人	第一段階を区市，第二段階を投票区，第三段階を個人とする三段抽出により 5000 人	住民基本台帳をベースに作成されたモニター
有効回答数(回答率)	2172(43.4%)	1824(36.5%)	5000(地点別に割り当てられた回答数に達するまで調査を実施)
調査方法	郵送調査	郵送調査	インターネット調査

調査は三回にわたって実施した。一回目の調査は、二〇一〇年二月に富山県で(以下、「富山調査」)、二回目の調査は、二〇一一年一〜二月に東京都で行った(以下、「東京調査」)。そして三回目の調査は、調査会社に登録されたＷＥＢ調査モニターに対して協力を依頼し、二〇一一年一一〜一二月に実施した(以下、「全国ＷＥＢ調査」)。これら調査の概要について、それぞれ述べておきたい(表**2**-**1**)。

●富山調査

「富山調査」における母集団は、二〇〇九年一二月一日時点で富山県内に居住する、二〇歳から七九歳の男女である。サンプリングは、二〇一〇年一月上旬に各自治体の選挙人名簿から行い、五〇〇〇人を抽出した。

サンプリングの対象は、予算や時間の制約から富山県全域とするのではなく、人口規模・地理的位置などを考慮し、四市二町を抽出した。手続きとしては、第一段階で市町を、第二段階で投票区を、第三段階で個人を抽出するという三段抽出となる。有効回答数は、二一七二(回答率四三・四%)であった。

●東京調査

「東京調査」における母集団は、二〇一〇年一二月一日時点で東京都内(島しょ部を除く)に居住する、二〇歳から七九歳の男女である。サンプリングは、二〇一一年一二月に各自治体の選挙人名簿から行い、五〇〇〇人を抽出した。

サンプリングの対象は「富山調査」と同様に、予算や時間の制約から東京都全域とはせず、人口規模・地理的位置・国私立中学校進学率などを考慮し、六区三市を抽出した。有効回答数は、一八二四(回答率三六・五%)であった。

●全国WEB調査(参考例として、本書巻末に掲載)

全国WEB調査は、二〇一一年一一月から一二月にかけて行った。対象者は、(株)ジャパンマーケティングオペレーションズの保有する登録モニターである。この登録モニターは、住民基本台帳をベースとして作成された。このモニターに対して協力を依頼し、WEB上にて回答してもらう形式をとった。回収目標に達するまで回答を募り続けるという手法を用いたため、最終的に得られた回答は、五〇〇〇である。

また回答を募るにあたっては、地域×性別×年代で構成されるグループ内の誤差が一定内に収まるように対象者を選定した。

3　回答者の基本属性

三つの調査には、共通する質問と独自の質問が含まれている。本書における以下の分析においても、分析の目的や問いに応じて、これら三つの調査のうちどれか一つや、あるいは二つ以上を含めた結果を提示する。

その際に問題になりうることの一つとして、それぞれの調査に回答したのがどのような属性をもった人びとであるかということが挙げられるだろう。性別、年齢、学歴、世帯年収など異なる属性をもつ人びとは、教育政策・社会保障政策に対しても異なった態度をもちうる。実際、本書で分析されていくように、そうした違いがみられる部分は少なくない。よって、ここでは各調査における回答者の基本属性を示す。

まず、性別と年代の分布を示したのが表**2-2**である。

年代に関しては、近年の社会調査では若年者からの回答が得られにくいことが知られている。これは、若年者は通学や通勤による不在時間が長いことや、転居が多いことなどが理由の一つとなっている。

やや専門的な議論へ立ち入ることになるが、母集団分布から標本分布のずれがあるかどうかを検

討する方法として、標準化残差に注目するというものがある。これは、

$$\sigma = \{(\text{観測値} - \text{期待値}) \div (\sqrt{\text{期待値}})\}$$

を計算することによって得られる標準化残差の絶対値が一・九六を超えていなければ、期待値からの有意な差はないと判断するものである(Everitt 1977／一九八〇)。

表**2**-**2**では、年代ごとの回答率の隣のカッコ内に、標準化残差の値を示した。これをみると、富山調査・東京調査においては、二〇代・三〇代における標準化残差の値がマイナス一・九六よりも小さく、また五〇代以上ではプラス一・九六よりも大きい[1]。これは両調査においては、母集団から期待される回答率よりも、若年者では小さく、中高年者では大きいことを意味している。

表**2-2**　性別・年代の分布(%)

		富山調査	東京調査	全国 WEB 調査
性別	男性	48.8	46.1	49.2
	女性	51.3	53.9	50.8
年代	20 代	6.6(−7.47)	10.7(−5.81)	14.3(0.00)
	30 代	13.9(−4.99)	16.5(−4.73)	18.8(0.00)
	40 代	14.2(−2.17)	18.4(−0.86)	17.5(0.00)
	50 代	20.3 (2.69)	17.7 (3.43)	17.0(0.00)
	60 代	28.4 (8.09)	21.7 (5.43)	26.3(0.00)
	70 代	16.5 (2.11)	15.1 (4.08)	6.2(0.00)

注：カッコ内は標準化残差の値

全国WEB調査においては、標準化残差の値はゼロから乖離していない。これは上述したように、地域×性別×年代で構成されるグループ内の誤差が一定内に収まるように対象者を選定したため、調査会社のもつ名簿から期待される回答のゆがみが小さくなっているからである。ただしこれには

表 **2-3**　学歴の分布（%）

	富山	東京	全国 WEB	全国 WEB（うち東京）
旧制尋常小学校・国民学校	0.8	0.6	0.0	0.0
旧制高等小学校	0.8	0.1	0.0	0.0
旧制中学校・高等女学校	1.2	1.0	0.1	0.0
旧制実業学校	0.1	0.1	0.0	0.0
旧制師範学校	0.1	0.0	0.0	0.0
旧制高校・旧制専門学校・高等師範学校	0.2	0.1	0.0	0.0
旧制大学・旧制大学院	0.1	0.1	0.0	0.0
中学校	10.2	7.3	2.3	3.6
高校	45.4	32.5	29.4	26.9
専門学校	9.3	12.0	9.4	9.8
短大・高等専門学校	10.5	10.0	14.9	14.0
大学・大学院	21.2	36.4	43.9	45.7
わからない・無回答	0.1	0.1	0.0	0.0

もちろん、調査会社の保有する名簿が日本全国の人びとを正しく近似できているという前提が必要である。

次に、各調査における回答者の学歴分布を表**2-3**に示す。私たちの調査は教育について重きを置いているものであるため、ひとつの重要な変数として、本人学歴の分布を知っておく必要があろう。

ここから指摘できるのは、まず、旧制学歴は対象者が少ないこともあり、分布の違いに大きな影響は与えていない。一方で新制学歴については、違いがみられる。富山調査では大学・大学院卒業者が二一・二%であるのに対して、東京調査では三六・四%、全国WEB調査では四三・九%と大きく異なっている。

富山調査と東京調査の差に関しては、大学進学率の地域間格差という事情を反映した部分も少なくないと思われるが、WEB調査の分布について

表 2-4　世帯年収の分布(%)

		富山調査	東京調査	全国 WEB 調査
世帯年収	400 万円未満	29.0	26.7	28.7
	400〜700 万円	34.2	31.3	36.0
	700〜1000 万円	20.9	20.0	22.2
	1000 万円以上	15.9	22.1	13.1

表 2-5　子どもの有無(%)

		富山調査	東京調査	全国 WEB 調査
子ども	いる	79.8	64.8	66.2
	いない	20.2	35.2	33.8
高校生以下の子ども	いる	24.2	22.4	27.6
	いない	75.8	77.6	72.4

述べるならば、インターネットによる調査で高学歴のサンプルが多くなる傾向は、本多(二〇〇六)などでも確認されている。これは高学歴者にインターネット利用者が多いことと関連していると考えられる。なお、郵送で行った東京調査と、全国WEB調査中の東京在住サンプルを比較すると、やはり後者に高学歴者が多く含まれている様相がうかがえる。とくに、大学・大学院卒業者については、三六・四%(東京調査)と四五・七%(全国WEB調査)と、一〇ポイントほどの差が開いている。

続いて、世帯年収と子どもの有無についても触れておこう。

表2-4に世帯年収の分布を示した。富山調査では、四〇〇万円未満の人びとが二九・〇%と、東京調査の二六・七%よりも多い。逆に東京調査は、一〇〇〇万円以上の人びとが二二・一%と、他の調査よりも多い。全国WEB調査は、中間層の回答がやや多いといったところだろうか。

そして、子どもの有無および高校生以下の子どもの有無について示したのが、**表2-5**である。

教育や他の社会政策に関する態度は、家族構成によっても変わってこよう。そして、子どもがいると答えたのは、富山調査が七九・八％、東京調査が六四・八％、全国ＷＥＢ調査が六六・二％と、富山調査で最も多かった。ただし、これから大学進学の意思決定に直面すると考えられる高校生以下の子どもに限定すると、いると回答したのは、富山調査が二四・二％、東京調査が二二・四％、全国ＷＥＢ調査が二七・六％だった。

以上、回答者の基本属性を簡単に確認してきた。調査手法の影響が予想される部分もあったが、東京調査に高学歴者や高所得層が多く、富山調査に子どものいる者が多いといった偏りなどは、地域特性の反映とも捉えられよう。こうした偏りに留意する必要があることは言うまでもないが、同時にここで改めて強調しておきたいのは、幸いにも多くの方の協力が得られ、変数間の関係を探るなど、さまざまな統計分析を試みるには十分な回答数を確保することができたということだ。

では、これらデータからどのような世論の姿が描かれるのか。その具体的な分析に入っていくことにしよう。

注

（1）　複数の年代のように検定を繰り返す場合には、多重性の問題により $\sigma=\pm1.96$ よりも緩い基準（例えば $\sigma=\pm3$）を用いるべきだとする研究もある（稲葉　二〇〇二）。ただし、仮に $\sigma=\pm3$ を基準にしたとしても、富山調査・東京調査では母集団から期待される回答にくらべて、若年者の回答が有意に少なく、中高年者の回答が有意に多くなっている。

参考文献

稲葉太一 二〇〇二、「回収率ならびに欠票の分析」『日本版 General Social Surveys JGSS-2000 基礎集計表・コードブック』一一―一四頁。
武川正吾編 二〇〇六、『福祉社会の価値意識――社会政策と社会意識の計量分析』東京大学出版会。
武川正吾・白波瀬佐和子編 二〇一二、『格差社会の福祉と意識』東京大学出版会。
橘木俊詔編 二〇〇七、『政府の大きさと社会保障制度――国民の受益・負担からみた分析と提言』東京大学出版会。
本多則惠 二〇〇六、「インターネット調査・モニター調査の特質――モニター型インターネット調査を活用するための課題」『日本労働研究雑誌』五五一号、三二―四一頁。
Everitt, Brian S. 1977, *The Analysis of Contingency Tables*, London: Chapman and Hall.（B・S・エヴェリット、山内光哉監訳、弓野憲一・菱谷晋介訳『質的データの解析――カイ二乗検定とその展開』新曜社、一九八〇年）

II

世論は何によって決まっているのか

第3章　世論にみる教育劣位社会像

濱中淳子・矢野眞和

1　危うさの中の硬さ

世論の分析をしていると、その不安定さを目の当たりにすることがしばしばある。たとえば、私たちの調査には「今後の日本のあるべき姿」について尋ねる項目を含めた。東京調査と全国ＷＥＢ調査に入れたものだが、両者の間には選択肢のワーディングに次のような違いがある。

質問文（東京調査・全国**WEB**調査共通）
あなたは、これからの日本のあるべき姿として、次の3つのうち、どれが一番望ましいと思いますか。
選択肢（東京調査・二〇一〇年実施）
1　アメリカのような競争と効率を重視した社会
2　北欧のような福祉を重視した社会

3　かつての日本のような終身雇用を重視した社会

選択肢（全国WEB調査・二〇一一年実施）

1　アメリカのような個人主義を重視した社会
2　北欧のような高税率によって支えられている社会
3　かつての日本のような、終身雇用や家族の役割を重視した社会

三つの選択肢それぞれの意味するところを変えたいというより、イメージの具体化を求めた変更ぐらいの意図だった。しかしながらこの変更は、私たちの予想を超える回答分布の変化をもたらした。具体的な結果を示せば、東京調査は、アメリカ＝九・二％、北欧＝四九・二％、かつての日本＝四一・六％、全国WEB調査は、アメリカ＝一三・三％、北欧＝二六・五％、かつての日本＝六〇・二％。東京調査のデータを集計したとき、拭いきれない将来への不安からだろうか、いまや日本人の多くが北欧のような社会を望むようになったと判断した。けれども、それは間違いだったようだ。「高税率」という言葉を敬遠したからなのか、「家族」という言葉に魅かれたからなのか、全国WEB調査では、六割を超える者が、あるべき姿として「かつての日本」を選ぶという分布になっていた。

以上はやや極端な例かもしれない。しかしながら研究者として世論調査を分析してきた西平重喜の議論、あるいはマスコミ関係者として世論に携わってきた平松貞実の指摘を参照しても、質問文

や選択肢の設定の仕方ひとつで、結果が簡単に揺らぐ様相がうかがえる（西平 二〇〇七、二〇〇九、平松 一九九八）。世論は危ういものだという前提でデータにあたるのが妥当なところなのだろう。世論研究に長らく携わった岡田直之も、著書『世論の政治社会学』の中で、「世論の言葉や観念ははなはだ曖昧模糊で正体がつかみにくい厄介で手ごわい怪物でもある。世論研究者は一様に世論概念の曖昧さ・多義性・論争性に言及し、一義的に定義づけることの困難さと徒労を指摘する」と言及している（岡田 二〇〇一）。

ただ他方で、調査データの分析を重ねていくと、危うさの中に「硬さ」のようなものがあることに気づくのも事実である。すなわち、私たちが実施した三つの調査（富山調査、東京調査、全国WEB調査）に共通して、さらにワーディングなどに左右されず、安定してみられる結果というものがある。そしてそれは、教育世論の相対的特質を浮き彫りにしようとしたときに、とりわけ頻繁に確認されるものだった。

さて、本章では私たちの議論の出発点として、分析から抽出された教育世論の「硬さ」について、いくつかの側面から紹介する。教育は、社会保障や福祉、あるいは公共事業と比べて、どの程度重要なものだと認識されているのか。教育領域内（初中等教育、高等教育、社会人再教育）の中での序列はどうか。回答者による意見のばらつきはどの程度のものか。以下、こうした問いへの答えを探りながら、「教育に対する社会のまなざし」の基本的な特徴について理解を深めたい。

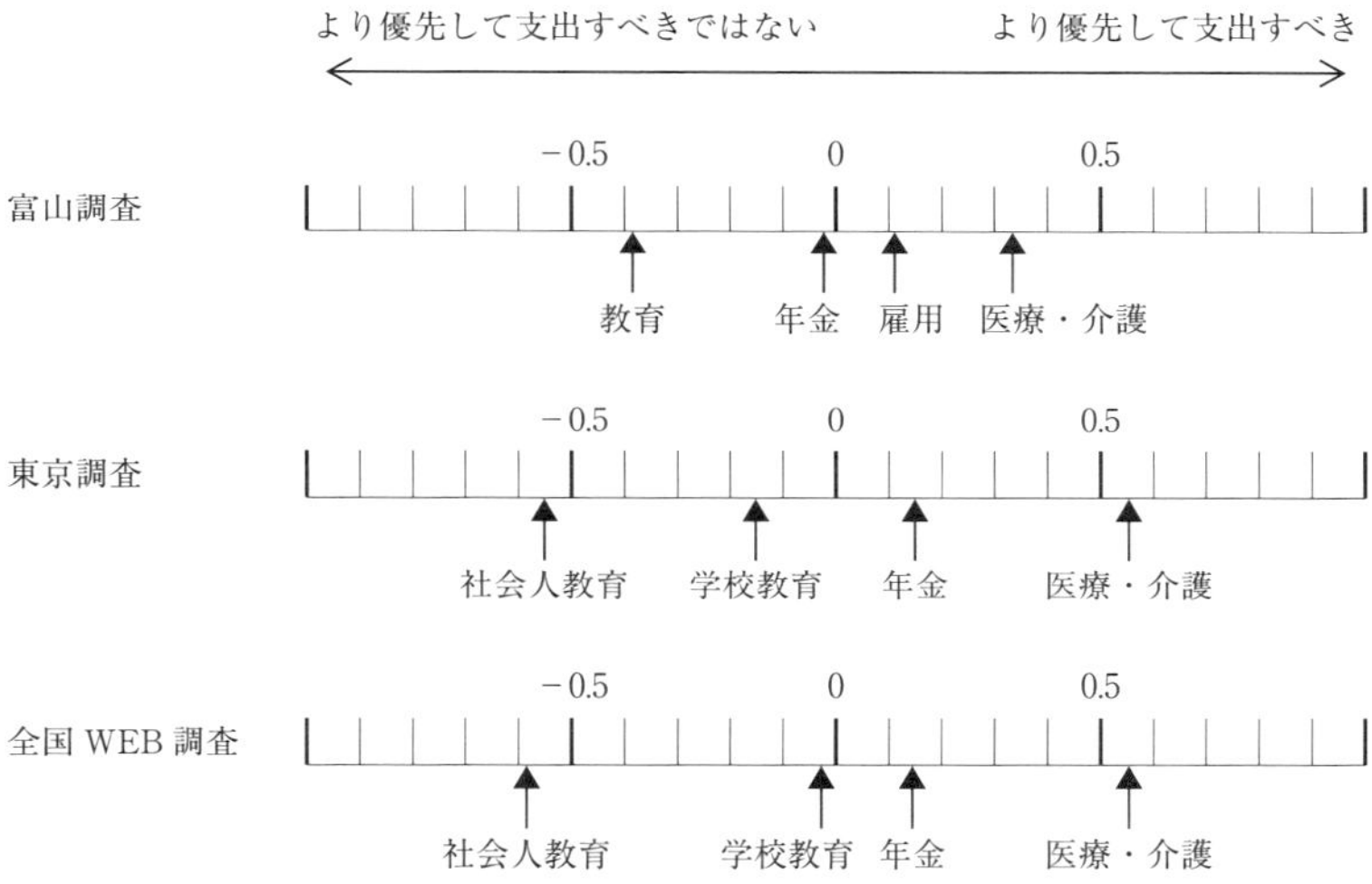

図3-1　一対比較の結果（社会保障領域と教育領域）

2　教育領域の劣位性

「社会保障世論」と「教育世論」の距離

はじめに、教育世論の相対的位置を示そう。他の領域と比較したときに、教育問題の優先順位はどのように見積もられているのか。

私たちの調査では、優先して税金を投入すべき領域について、サーストン法による一対比較（選好度の順位付けを行うために、対象となる選択肢を二つ一組として、どちらかを選択してもらうことを繰り返すもの）を取り入れた。富山調査と東京調査、全国WEB調査とでは、準備した項目に若干の違いはあるものの、結果を数直線で示せば、**図3-1**になる。どの調査であっても、選好度の順位が「一位・医療・介護」「二位・年金」「三位・教育」という関係になっていることが一目瞭然だろう。

加えてこの回答傾向は、「現状の税金規模」という制約を取り払った場合でも変わらない。調査では、富山調査、東京調査、全国WEB調査すべてにおいて、次のような質問項目を設定した。

質問文（三調査共通）
あなたは、さらに多くの税金が課せられることになったとしても、次の施策を積極的に進める必要はあると思いますか。それとも、税金が増えるぐらいなら積極的に進めなくてもいいと思いますか（四段階尺度）（それぞれ1つに◯）。

回答欄を用意した施策は、一対比較の項目と同様、調査によって異なっているが、「医療・介護」「年金」「雇用」、そして「教育」の四つの領域にわたって幅広く設定したという点では共通している。そしてそれぞれの項目について「積極的に進める必要がある」と回答した者の比率（「どちらかといえば」を含む）を示すと、**表3-1**のとおりである。

この分布で何よりも注目されるのは、「医療・介護」関連の比率の高さであろう。安定的に七割以上の者が税金を投入してもいいと回答しており、同時に「年金」関連項目の比率も比較的高い。東京調査では、八割弱もの人が、増税してもよいと答えている。

「雇用」領域になると、増税を支持する者の比率は若干下がる。保育施設増設を事例に含めた富山調査では六割強の人が賛成。ただ、失業者の就職支援のみを取り上げた東京調査と全国WEB調

表 3-1　増税による施策強化を支持する者の比率①

		富山調査 A	東京調査	全国 WEB 調査
医療・介護	医療・介護環境整備	78.0%		
	医療環境整備		86.9%	75.6%
	介護制度整備		84.6%	71.6%
年金	年金安定化（高齢者の経済生活保障）	69.2%	78.7%	66.2%
雇用	働きたい人が仕事に就ける環境の整備（失業者の就職支援・保育施設増設など）	62.8%		
	失業者の就職支援		55.6%	49.3%
教育	学力向上を目指した義務教育の充実（少人数学級，教員の質向上施策など）	61.5%		
	公立中学・高校の整備	52.7%	55.6%	48.9%
	高校教育までの保障	33.2%		
	借金なしの大学進学機会の確保	24.9%	33.1%	28.8%
	社会人再教育の場の整備		33.4%	28.2%

査では、賛成する人は五割前後という結果になっている。

そして、「雇用」以上に軽んじられているのが、「教育」領域への税金投入である。「教育」関連の項目は、いずれの項目であっても「雇用」領域以上の賛同が得られているわけではない。

教育政策は他の領域への対策に比べて、軽んじられている。教育世論の特徴のひとつは、こうした「劣位性」にあると指摘することができる。

新幹線か、道路か、教育か

教育施策は、社会保障施策の二の次として捉えられている。しかし、教育世論の劣位性は、こうした社会保障世論との比較からのみ見えてくるわけではない。

二〇〇九年八月の衆議院選挙では、長期与

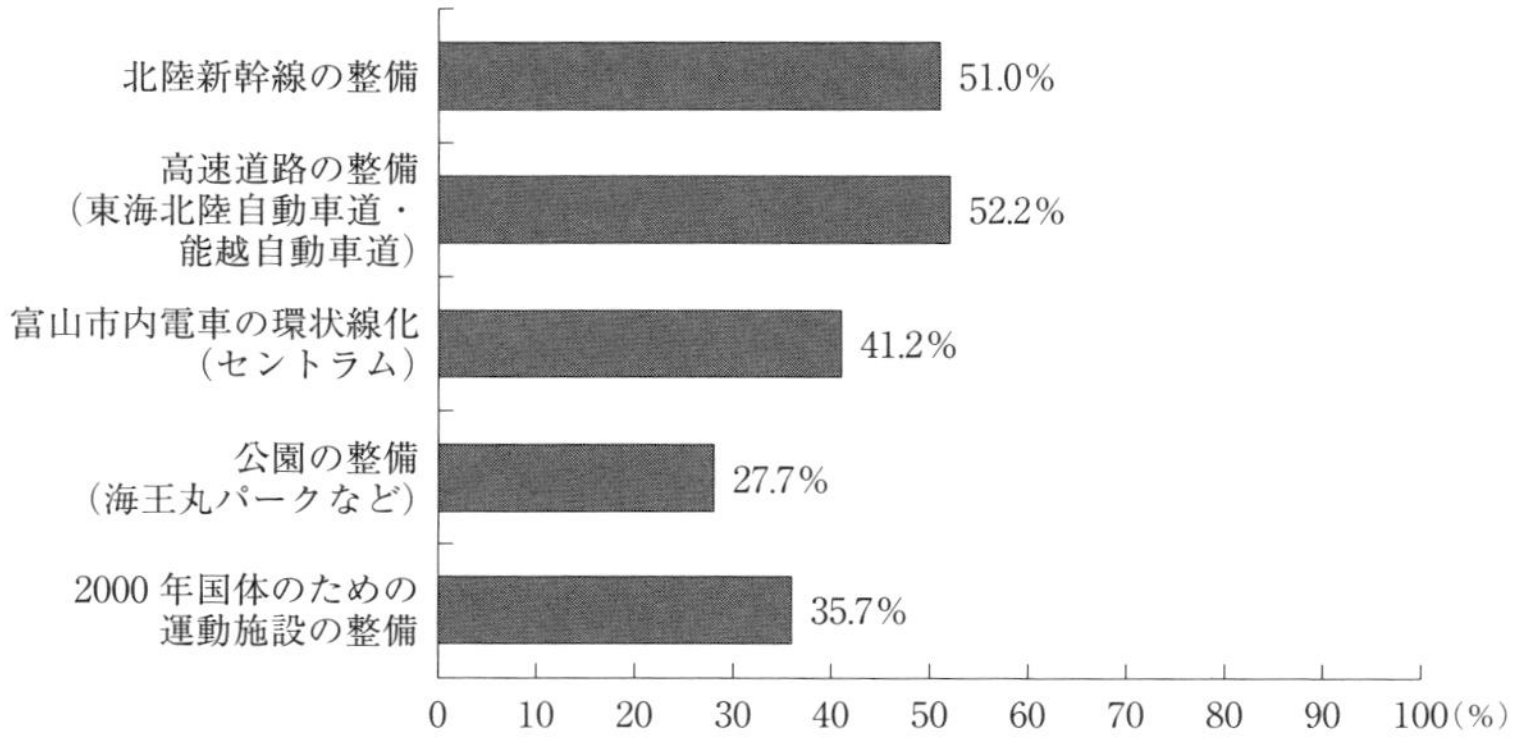

図**3-2**　公共事業を支持する者の比率（富山調査）

党であった自由民主党が下野し、民主党政権が誕生した。当時、民主党が掲げていたスローガンは「コンクリートから人へ」。無駄な公共事業を減らし、社会保障や子育て、教育の充実を訴えた。

富山調査では、その公共事業と教育領域との比較を試みた。富山調査の実施は二〇一〇年二月であり、まだ政権交代の熱気が残っていた時期である。このころ富山県で取り組まれていた、あるいは取り組もうとされていた公共事業の中から、「北陸新幹線の整備」「高速道路の整備」「富山市内電車の環状線化」「公園の整備」、そして「国体のための運動施設の整備」の五つを取り上げ、公共事業に税金を使うべきか、むしろ教育に税金を使うべきか、四段階尺度で尋ねた。その結果が図**3-2**である。

公園や運動施設の整備を比較対象に掲げたとき、世論は公共事業支持より教育支持に傾く。しかしながら対象が交通網の拡充、とりわけ新幹線や道路の問題となったとき、公共事業支持が少数派になるわけではなく、支持は五分五分といったところである。勢力が大きく分かれているのか、それとも個人の中で簡単に判断できるような問題ではないためにこのような分布になっているのか。少なくとも地方の人びとにとって、公共事業は決して過去のものではなく、教育に税金を費やすぐらいなら公共事業に、という意見をもつ者は、現在もそれなりにいるということだ。

3　整備が望まれる教育、望まれない教育

全般的に教育は、増税してまで整備してほしい領域だと見なされていない。ただ、データを詳しくみれば、同じ教育領域の中でも整備が望まれているところと、そうでないところがある。この「領域内分化」とでも言える多様性が、教育世論の第二の特徴である。

子ども中心の教育観

さきほど図**3**-**1**で一対比較法を用いた分析結果を示したが、調査では、教育領域内で優先すべき課題についても同じ方法で回答する項目を設けていた。ここで用意したのは、「少人数学級導入や教員の質向上施策など、子どもの学力向上などを目的とした【義務教育の充実】」、「私立・塾などを利用しなくても進路の面で不安を感じさせることがない【公立中学・高校の整備】」、「高校授業料の実質無償化を通じた【高校教育までの保障】」、「大学授業料の減額・無償化、給付型奨学金の創設など【借金なしの大学進学機会の確保】」の四項目。富山、東京、全国ＷＥＢいずれにも含めた質問だったが、回答状況を数直線で示したものが図**3**-**3**になる。

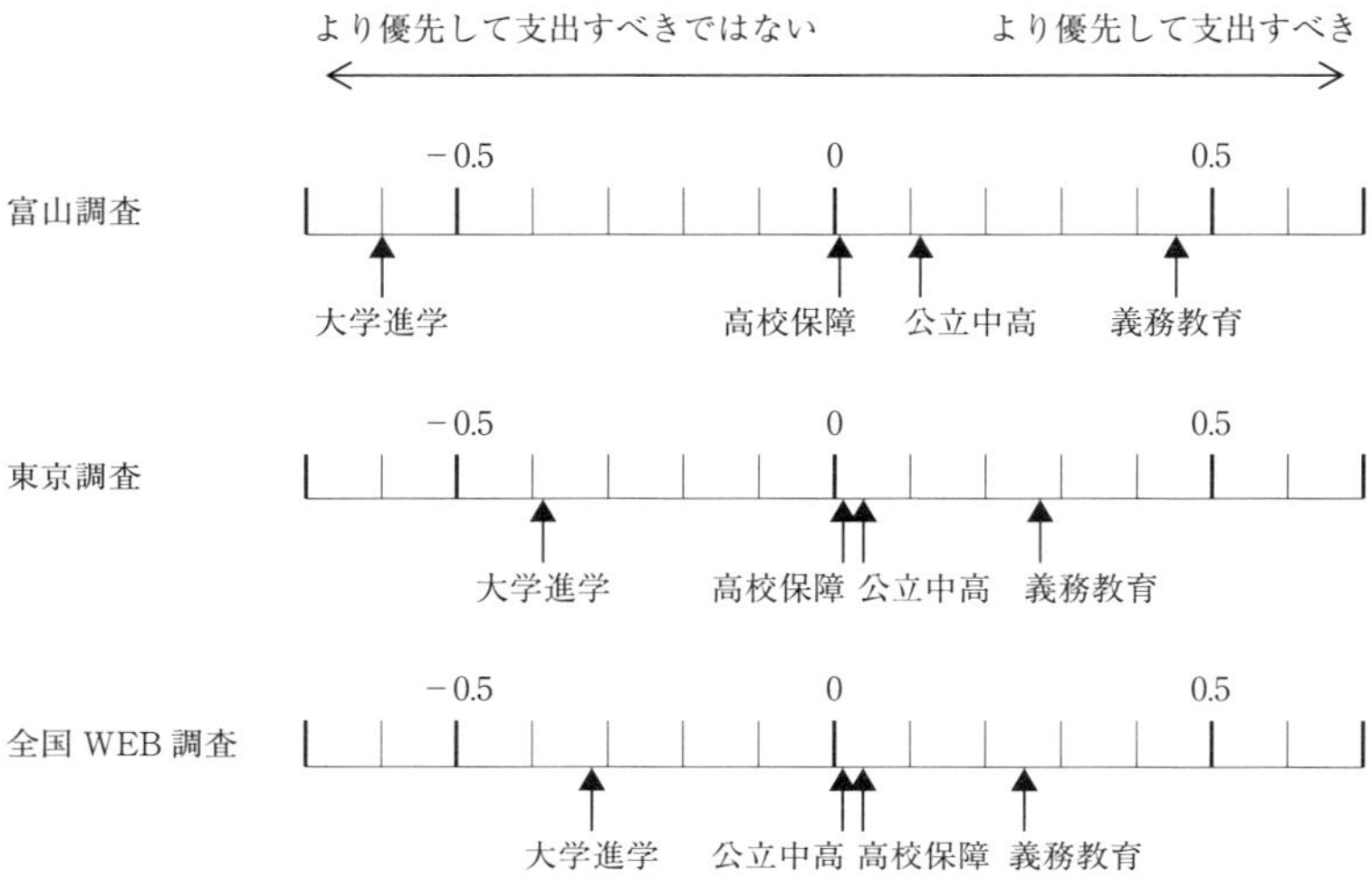

図 **3-3**　一対比較の結果(教育領域内)

ここからは、三つの調査の間にひとつの傾向が見出せることがわかるだろう。すなわち、大学進学よりも中高教育、中高教育よりも義務教育の問題が重視されている様相がうかがえる。遅い時期の就学問題ほど支持は集まりにくく、早い時期のものほど支持は集まりやすい。ここで表**3-1**の結果のひとつ「「社会人再教育の場の整備」のための増税は、支持を得にくい」という点も追加すれば、日本の世論は、大人の学習ではなく、子どもの学習であれば支持する、とまとめることもできよう。

トップ強化よりも底上げ

調査では、教育段階の別に意見を尋ねるだけでなく、「トップ強化か、底上げか」という観点からも、重視すべきものを選んでもらった。具体的に立てた項目は、「職業高校や進学実績のない高校の充実化に力を入れるべきだ　VS.　進学実績のある高校にこそ、重点的に支援すべきだ」、「中堅や地方の大学の教育研究を充実させるために多くの税金を使うべきだ　VS.　東京大学や京都大学など、いわゆるトップ大学の教育研究に多くの税金を使うべきだ」、「今後の日本の学校教育は、底上げに力を入れるほうが良い　VS.　今後の日本の学校教育は、エリート育成に力を入れたほうが良い」の三つである（ただし三番目は、東京調査ならびに全国WEB調査のみ）。

ところで、調査票の作成当初、私たちの間でこの項目の回答分布がどのようになるのか、見通しを立てることができなかった。というのは、「判官贔屓」という言葉があるように、日本人は弱い立場の者の肩をもち、応援する傾向が強いともされる。他方で、トップ層への期待も強くなっているはずだ。とりわけ、不透明な社会経済状態が続く中で、グローバル化といった新たな時代の幕が開けた現在、リーダー待望論が声高に叫ばれるようにもなっている。加えて実態として、昨今の教育施策は、トップ層を引き上げようとするもの（高校のスーパーサイエンスハイスクールSSHやスーパーグローバルハイスクールSGH、大学のCOEなど）も急速に展開している。

底上げか、トップ強化か。得られた結果は、想像以上に大きく偏るものだった。

一言でいえば、日本の世論は明らかに「底上げ」を支持している（図**3**-**4**）。支持が集まったのは、「職業高校」「進学実績のない」「中堅」「地方」、そして「底上げ」というキーワードを含む選択肢だ。提示している言葉はさまざまだが、どの項目であろうと、そしてどの調査であろうと、七〜八割の者が、底上げ強化のほうが重要だと判断している。

やや専門的な説明をすれば、福祉国家にとっての「教育」は、福祉的施策の一端を担うという

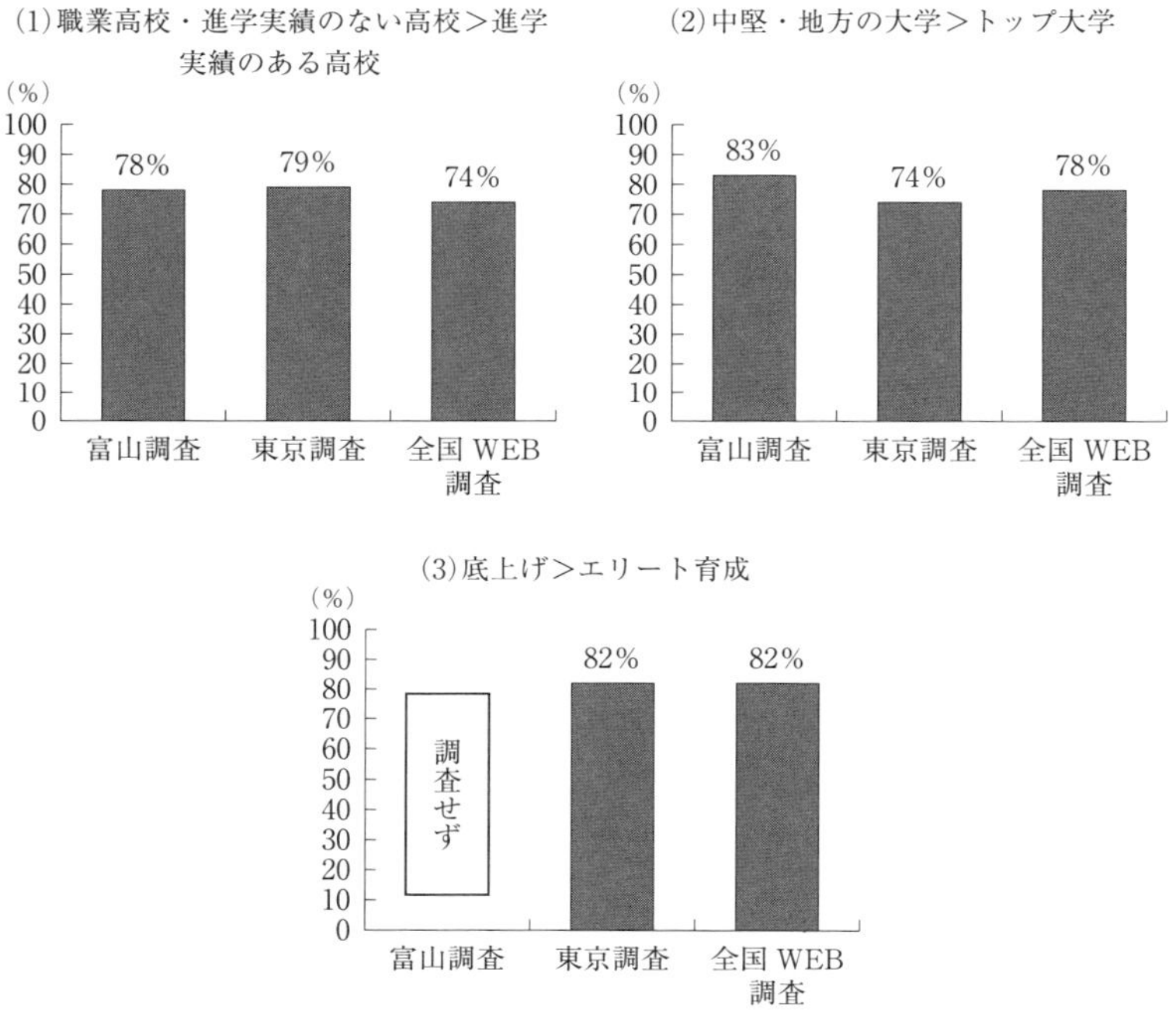

〈具体的な選択肢の文言〉

グラフ(1)
●職業高校や進学実績のない高校の充実化に力を入れるべきだ
●進学実績のある高校にこそ，重点的に支援すべきだ

グラフ(2)
●中堅や地方の大学の教育研究を充実させるために多くの税金を使うべきだ
●東京大学や京都大学など，いわゆるトップ大学の教育研究に多くの税金を使うべきだ

グラフ(3)
●今後の日本の学校教育は，底上げに力を入れるほうが良い
●今後の日本の学校教育は，エリート育成に力を入れたほうが良い

図 **3-4**　底上げか，トップ強化か

「順接的関係」と、むしろ平等主義的原則と対立する「逆接的関係」の二面性をもっているという見方が提示されることがある（広田 二〇一三）。教育が社会経済的に不利な立場にいる者を、より望ましい状況へと押し上げる手段になる一方で、そもそものような手段を用いることができるのは恵まれた層に偏っているという考え方だ。(2)このロジックに沿えば、学力差の小さい小学校など早期教育段階であれば、逆接的関係の問題は避けやすく、その充実化は公平性と効率性の両方を求めることにつながるとみることもできる（田中 二〇一二）。そしてこうした議論を踏まえながら図**3-3**と図**3-4**を見直すと、日本人は「公平性」という点に関して敏感だとまとめることができるのかもしれない。つまり、トップ強化よりも底上げを支持し、早期教育である小学校段階の拡充政策を支持するのは、公平性という価値を大事だと捉えているからではなかろうか。

さて、ここまでの結果をまとめるとなれば、医療や介護など、社会保障領域に比べて教育世論の特性は「劣位性」にある。加えてその「劣位性」は、公平性のイメージと距離がある高等教育や社会人教育、あるいはトップ層をターゲットとした教育領域で、より強いものとなる。経済的に恵まれていない状況でも大学教育を受けられるようにするために増税しても良いという者の比率は、二〜三割。この比率の小ささを、改めて確認しておきたい。

4　財政にみる教育劣位社会像

ここまで教育劣位社会の実情を示してきたが、その姿は当然ながら、私たちの調査以外のデータにもあらわれている。何より、マクロの財政データに、その変遷のありようや国際比較という視点からみたときのポジションを確かめることができる。

強まった劣位性

第一章でも触れたように、日本の教育行政学をリードしてきた市川昭午は、教育財政研究の重要性を次のように指摘している（市川 二〇一〇）。「教育政策と教育行政の主要な手段は法令と予算であるが、従来の研究は立法過程や法令解釈に偏し、予算配分や財政構造の研究は乏しかった。しかし、予算配分や財政構造は、教育政策や教育行政の本当の狙いを明らかにしてくれる点で重視される必要がある」。

予算配分や財政構造に政府の本当の狙いが表出するという指摘は意味深い。そしてさらにいえば、高等教育費の実証分析を行ったボーエンによれば、長期間にわたる教育費の変化は、社会全体の力関係から決定づけられるという（Bowen 1980）。社会全体の力というのは、教育にかかわるさまざまな集団（家計、行政府、寄付者など）が大学教育に対してどれほど喜んで支払うかという総意である。この総意が教育費の総額を決定するから、教育財政の一般的性格は、究極的には社会的「選好」の帰結だと見なすことができる。すなわち、教育が大切だという価値観が社会的に広く浸透すると、教育需要は拡大し、その結果として教育支出量は増加する。他方、価値観が変わらなくても、教育よりも優先されるべき公共的課題（高齢化問題、不況対策、安全保障など）が強まると、教育の相対的価値は下降する。教育よりも他の公共的課題にお金を回すべきだという判断は、教育の費用が相対的

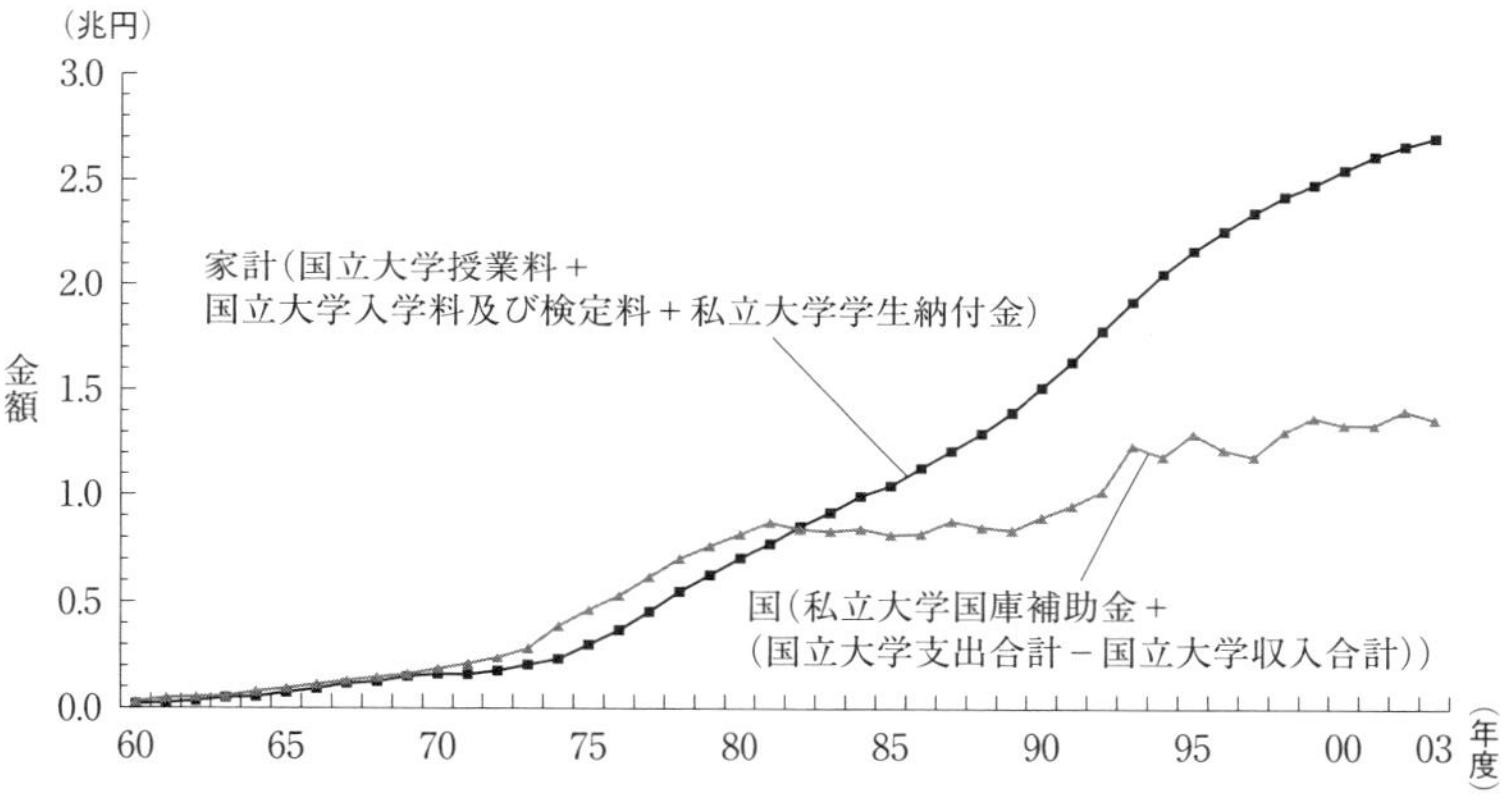

出典：「学校基本調査」「私立学校の支出および収入に関する調査報告書」「今日の私学財政」

図**3-5**　政府と家計の大学教育支出

に高くなったことを意味する。その結果、教育支出は削減されることになる。

このような点を念頭に置きつつ、図**3-5**を見てもらいたい。国立大学と私立大学に対する政府の支出総額と家計の支出総額の歴史的推移を推計したものだが、グラフにみるように、戦後から一九八二年までの間は、中央政府の負担額が家計の負担額をやや上回る程度に推移してきた。

まず、ここで強調しておきたいのは、政府と家計の負担額がほぼ同じというのは、欧米先進諸国では見られない現象だということだ。いずれの国においても、政府が喜んで支払う総額は、家計のそれよりも大きい。そして、にもかかわらず、八二年以降、状況はさらに一変している。九二年までの間、政府の総額はほとんど増加せず、九〇〇〇億円程度に低迷。それに対して家計の教育費総額は、一貫して増加の一途を辿っ

表3-2　公財政教育支出の割合：対GDP比(%)(2010年)

	就学前教育	初等中等教育	高等教育	全教育段階
日本	0.1	2.8	0.7	3.8
アメリカ	0.4	3.7	1.4	5.5
イギリス	0.3	4.9	1.0	6.3
フランス	0.7	3.9	1.3	5.9
フィンランド	0.4	4.3	2.2	6.8
OECD各国平均	0.6	3.8	1.4	5.8

てきた。二〇〇三年では二兆七〇〇〇億円ほどで、政府の二倍ほどの金額を支出している。

こうした教育費の長期的推移は、税金を投入して、大学をみんなで支えようとする社会的気運、つまり社会的選好が弱まったことを示唆している。逆に、家族が大学教育を重視する気持ちは衰えず、教育支出の増加傾向が長く続いている。大学の教育費を優先して支出する家族が増えたということである。こうした長期変動にあらわれる教育費の変動は、今回の調査で「大学進学機会の向上」に対する世論の優先順位が低かった事実と整合的である。

公財政教育支出の国際比較

時系列データのみならず、教育財政の国際比較をすれば、教育劣位社会日本の現状がよくわかる。『図表でみる教育――OECDインディケータ』の国際比較データを確認しておこう。

表3-2は、経済規模（GDP）に比べて、公財政教育支出額がどの程度占めているかを、パーセントで表示したものである。この大きさにそれぞれの国の教育に対する選好が反映されていると考えてよい。なお、公財政教育支出には、教育機関に対する公財政支出に加えて、

表 3-3　公財政教育支出の割合：対一般政府総支出比(%)(2010 年)

	就学前教育	初等中等教育	高等教育	全教育段階
日本	0.2	6.7	1.8	9.3
アメリカ	0.8	8.6	3.3	12.7
イギリス	0.6	9.4	2.0	12.0
フランス	1.2	6.8	2.3	10.4
フィンランド	0.7	7.6	3.9	12.3
OECD 各国平均	1.1	8.6	3.1	13.0

家計への生活補助金(奨学金や給与補助など)が含まれている。

就学前教育から高等教育までの全段階の総計をみると、日本の公財政教育支出の対GDP比は、三・八%である。それに対して、教育機会の平等や社会的公平性の社会的ビジョンを重視するフィンランドは、日本の一・八倍の政府支出(六・八%)になる。北欧諸国は別格としても、日本は、OECD各国平均の五・八%をはるかに下回る。日本のGDPが大きいから相対的に教育支出が小さくなると思われるかもしれないが、アメリカでも五・五%の支出になっている。イギリスとフランスは、OECD平均をかなり上回り、六・三%と五・九%である。どの国と比べても、日本の教育政策は、財政配分の優先順位からみて、かなり劣位のポジションにあると言わざるをえない。

表には教育段階別の割合も示しておいたが、どの段階でも日本が圧倒的に低い水準にあることに変わりない。日本が比較的頑張っているのは、先にも「子ども中心の教育観」として議論したが、初等中等教育である。それでもOECD平均は、日本の一・三倍ほどになる。高等教育になると、日本はOECD平均の半分にすぎない。

しかし、GDPに対する割合から政策順位を検証するには無理がある。国によって、政府の大きさが異なるからである。フィンランドの教育支出が多いのは、大きな政府による福祉社会を選択しているからである。小さい政府を志向する個人主義的な社会であるアメリカは、公共サービスの支出をできるだけ削減する政策を優先している。こうした違いを考えれば、GDPではなく、政府の大きさをベースに比較するのが適切だと言える。そこで、一般政府総支出に占める公財政教育支出の割合をみたのが、**表3-3**である。

OECDの平均よりも大きい分野に着目して各国を比較すれば、フランスは就学前教育を重視、イギリスは初等中等教育を重視、フィンランドとアメリカは高等教育重視、といった特徴を読み取ることができる。ところが、重視する分野という見方からすれば、日本に出番はない。悲惨なことに、日本はすべての教育段階でOECD平均を下回っているだけでなく、最低水準にある。GDP基準のみならず、一般政府総支出からみても、日本は教育劣位社会である。

5　垣間見える「柔らかさ」——世論は変わり得るのか？

以上の議論を踏まえる限り、殊に高等教育領域を中心とした教育世論の「劣位性」はかなり硬いように思われる。歴史をたどっても、国際比較を試みても、社会保障などの他領域を考慮に入れても、浮かんでくるのは教育劣位社会という特徴ばかりである。こうしたことから、日本の教育領域を「永遠の二番手」と表現することも可能だろう。教育は一〇〇年の計であり、拡充が大事だということを否定するつもりはない。否定はしないが、ついつい後回しにしてしまう——劣位性を別角度から表現するとすれば、およそこのようになるのだろう。

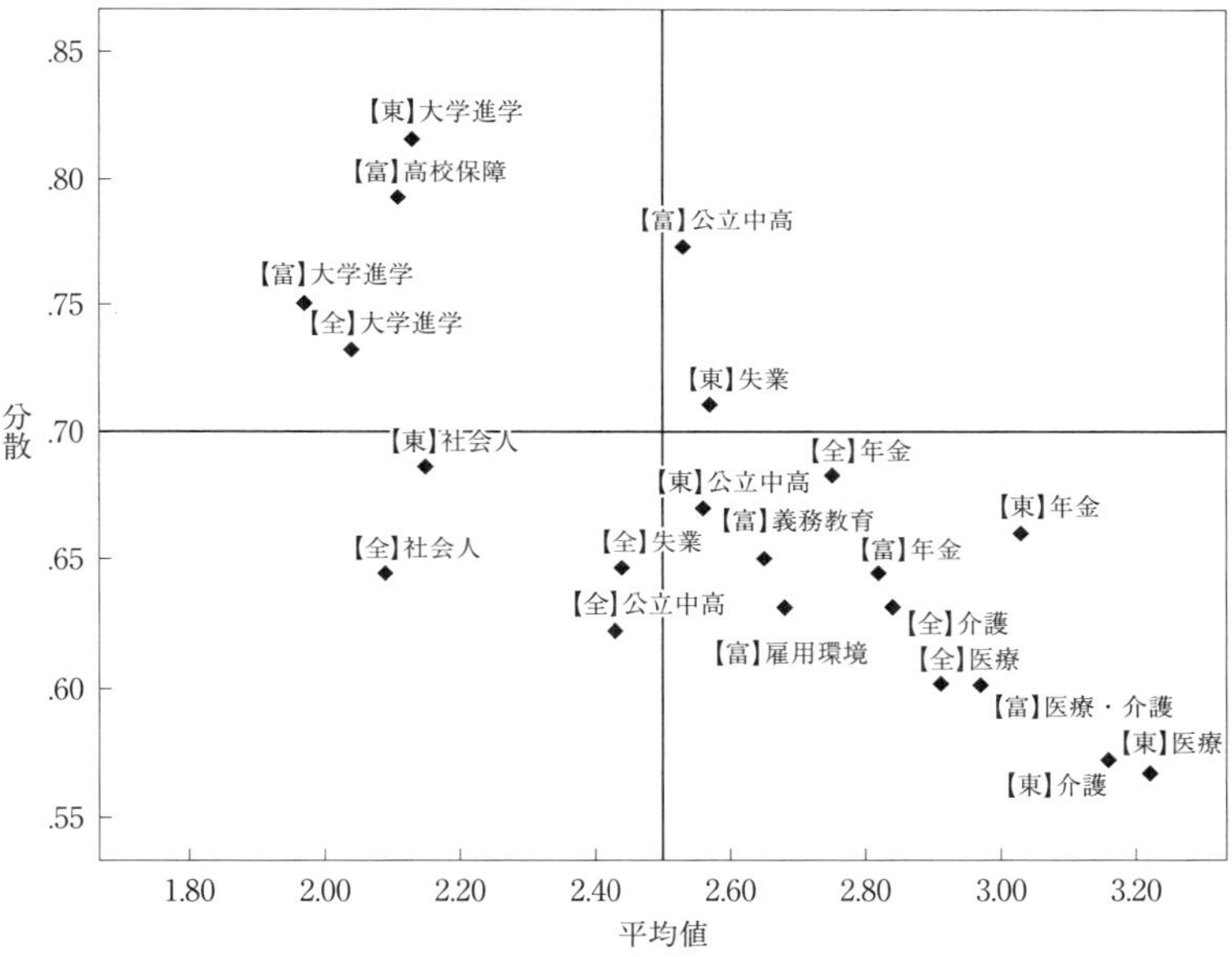

注：【富】＝富山調査，【東】＝東京調査，【全】＝全国 WEB 調査

図 **3-6**　増税による施策強化の支持状況（平均値と分散）

しかしながら、データを仔細にみていると、二番手ながらも重要だと思う認識自体はもたれているからだろうか。わずかながらも、教育世論にある種の「柔らかさ」を見出すことができる。最後にこの点について触れておこう。

表3-1でみた増税への意見のデータを再び用いたい。**表3-1**の結果は、四段階尺度で回答してもらったものを整理しなおしたものであるが、以下では四段階の回答をそのまま用い、世論のばらつきについて検討してみよう。「反対」＝1、「どちらかといえば反対」＝2、「どちらかといえば賛成」＝3、

「賛成」＝4、と得点化し、横軸に平均値を、そして縦軸にばらつきの指標である分散を設定して散布図を描くと、その結果は図**3-6**のようになる。

増税への支持を多く集めている領域のほうが平均値は高くなるから、この散布図では、医療や介護領域、そして年金領域のプロットが右側部分に確認されることになる。そして、雇用領域が中央部分、教育領域のプロットは左側にある。

ただ、ここで注目したいのは、縦軸の分布である。そして教育領域関連のプロットに注目してほしい。同じような平均値となっている教育領域であっても、社会人再教育のプロットは「分散が小さい」ことを意味する下部分に、学校教育関連のブロットは「分散が大きい」ことを意味する上部分に、多くが位置していることがわかるだろう。

言うなれば、社会人再教育の場の整備に比べて、大学進学や高校教育の保障問題のほうが、回答者によって意見が大きく分かれるということだ。強く反対する者も多ければ、増税による対応を強く求める者もいる。とりわけ大学進学問題のこの特徴に関しては、どの調査においても共通してみられる傾向である点も含めて、強調しておきたい。

そしていまひとつ、補足として興味深い結果を示しておこう。政治学における「寛容性」の概念にからむものである。

寛容性の定義については諸説あるようだが、基本的には「自分とは反対の、あるいは受け入れがたい意見に『耐える』こと」とされている(安野 二〇〇六)。教育にさらなる税金を投入する必要性は感じない。しかし、それでも必要だという判断が社会的に下された場合、どの程度の増税なら受け入れてもいいか。私たちの調査では、こうした点を確かめるために、次のような質問を加えた。

> 質問文（富山調査・東京調査・全国**WEB**調査共通）
> 仮に政府が、消費税方式によって「大学授業料の減額・無償化」を決定した状況を想定してください。現在の消費税は5％ですが、それにプラス何％までの消費税なら「支払ってもいい」と思いますか。具体的な％をお答えください。
> ※税金で負担すべき問題ではなく、消費税増加を認めることができないという場合は、「0％」とご記入ください。

その回答分布を簡単に紹介すれば、「消費税をプラスしてもよい」と答えた者の比率は、富山調査で四八・六％、東京調査で四九・七％、全国WEB調査で四九・〇％[3]。およそ半分の者が寛容的であり、また、「借金なしの大学進学機会の確保」のための増税に反対している者に限定しても、三人に一人の割合で、支払ってもいい消費税に○％ではなく、プラスの値を回答している。

これを単なる世論の揺らぎとみることもできるかもしれない。気分で回答する調査の結果とはこのようなものだと捨象することもできる。しかし、消費税導入に対するこれまでの人びとの抵抗の強さを踏まえれば、ここに寛容性という名の可能性をみることができるのではないだろうか。「硬さの中の柔らかさ」。逆説的ではあるものの、これも教育世論にみるひとつの「硬さ」の特徴だと言えるように思う。

さて、本章で議論したことをまとめれば、総じて、教育劣位社会という特性は堅固である。教育劣位の社会意識は根深く、それが財政の実態ともリンクしてきた。しかしながら、民意全体の中にはばらつきもあり、場合によって、あるいは立場によって、硬い世論が柔らかくなることもある。以下の章では、この「硬さ」と「柔らかさ」の内実について、いくつかの視点から検討を加えていくことにしよう。どのような層にどのような政策ニーズがあり、どのような観点に教育劣位社会を打破する糸口があるのか。あるいは、なぜ、これほどまでに堅固な教育劣位社会ができあがったのか。分析からは、その手掛かりがみえてくるはずだ。そしてその手掛かりがみえてこそ、「教育劣位の社会意識だから、公財政支出を増やす必要はない」という短絡的な示唆を超えた、「世論」と「政策」の研究が可能になるというのが、私たちの判断である。

注

（1）富山調査に関して、表記が「富山調査A」となっているのは、富山調査B票のみ（富山調査A票や東京調査A・B票、全国WEB調査A・B票と異なり）この質問を五段階尺度で回答してもらっているという事情による。四段階尺度と五段階尺度の質問による回答の違いを検討したいという意図を含めた試みだったが、東京調査以降は、より基本的な目的である「教育世論の相対的位置づけ」「費用負担ならびに資源の有限性への考慮」「情報の提供」の三つに注力することとし（第2章参照）、質問は四段階尺度の方式に統一している。

（2）この逆進性の議論に内在する危うさについては第8章で詳しく述べているので、併せて参照されたい。

（3）　なお、この消費税増加をめぐる問題に関しては、情報提供効果を探る質問として調査票に組み入れている。その効果については、第5章で詳しい分析を展開している。

参考文献

市川昭午 二〇一〇、『教育政策研究五十年——体験的研究入門』日本図書センター。
ＯＥＣＤ編著、徳永優子他訳 二〇一三、『図表でみる教育——ＯＥＣＤインディケータ 二〇一三年版』明石書店。
岡田直之 二〇〇一、『世論の政治社会学』東京大学出版会。
田中隆一 二〇一二、『所得格差と教育投資の経済学』東京大学社会科学研究所 Discussion Paper Series No. 18（全所的プロジェクト研究：ガバナンスを問い直す）。
西平重喜 二〇〇七、「戦後日本における社会調査」岡田直之他『輿論研究と世論調査』新曜社、一三七—一八七頁。
西平重喜 二〇〇九、『世論をさがし求めて——陶片追放から選挙予測まで』ミネルヴァ書房。
平松貞実 一九九八、『世論調査で社会が読めるか——事例による社会調査入門』新曜社。
広田照幸 二〇一三、「福祉国家と教育の関係をどう考えるか」広田照幸・橋本伸也・岩下誠編『福祉国家と教育——比較教育社会史の新たな展開に向けて』昭和堂、二三〇—二四八頁。
安野智子 二〇〇六、『重層的な世論形成過程——メディア・ネットワーク・公共性』東京大学出版会。
Bowen, H.R. 1980, *The Costs of Higher Education: How much do colleges and universities spend per student and how much should they spend?*, Jossey-Bass.

第4章　政策の世論を規定しているのは階層ではない

矢野眞和

1　誰が何を支持しているか

本章では、世論の「硬さ」と「柔らかさ」を分析する視点として、「誰が何を支持しているか」という問いを取り上げる。「何を」は、一つ一つの調査項目であり、その項目の回答分布を左右しているのは「誰か」を考える。ここに二つの意味を込めて分析をすすめる。第一に、「誰(who)」という問いに答えることができれば、支持者の多様性や異なる意見の対立性を知ることができるし、逆に、「誰か」をはっきり特定できなければ、世間一般に広く共有された普遍的な社会意識として定着していることになる。第二に、「誰」に「何(what)」を重ねることによって、世論の多層性が理解できる。who を特定できる what と who を特定できない what が識別できれば、世論の硬さと柔らかさの所在を知ることができると考えた。

この分析的アプローチにおいて重要なのは、「誰か」を認識する方法である。もちろん、個人を特定するのが目的ではなく、共通の特性をもつ集団に代表させて社会を理解する方法のことである。ここでは、二つ考える。

一つは、社会学のオーソドックスな社会階層アプローチである。経済階級や社会的地位が人々の社会意識を規定するという古典的な社会理論に基づくものだが、今でも社会意識論の中核的枠組みになっている。

世論を計量的に分析することを目ざしている私たちにとって、計量的社会意識論を提唱している吉川のアプローチがとても参考になる（吉川 二〇一四）。吉川の分析作法の基本は、「社会構造が社会意識に及ぼす影響力を解明する」ことにある。社会構造の中でも影響力の高いのが、「性・年齢」という社会的属性と、「学歴・職業的地位・経済力」という社会階層である。そして、この主要五変数を要因として、結果としての社会意識が形成されるというモデルを検証している。社会意識についてては、研究関心に応じて多様なトピックスを想定できる。私たちの世論調査の項目も、社会意識の一つの断面である。吉川にならって、ある政策を支持しているのは、「男か、女か」「若者か、高齢者か」「高卒者か、大卒者か」「ブルーカラーか、ホワイトカラーか」「低所得層か、高所得層か」を明らかにすることによって、「誰が何を支持しているか」を考察する。

いま一つは、当事者性を強調するアプローチである。社会政策の是非は、現実の好ましくない状態を改善する必要があると思うかどうかの価値判断に左右される。つまり、好ましくない状態は、自分自身が置かれている立場によって異なる。「子どもがいるか、いないか」「大学生がいるか、いないか」といった当事者性によって、学校教育に対するニーズは変わってくる。そもそも社会階層は、共通の利害関係者（当事者）をまとめて分類した概念であるため、階層アプローチと当事者アプローチは同じことになるが、具体的な施策に応じた当事者を、意識的に強調する必要があると考えた。子どもの有無や同居している高齢者の有無という当事者性に加えて、社会政策を必要とするリスクに直面しているかどうかを質問した。

リスク状況からみた当事者性の質問は、「知識・技能の問題で、仕事上、不利な立場におかれる状況」「大きな病気を抱える状況」「介護が必要になる状況」「失業し、思うように再就職が決まらない状況」「仕事を引退してから日々の経済生活に困る状況」「公立の学校(小・中・高)に安心して子どもを任せられない状況」「経済的な理由で、大学、短大、専門学校への進学を子どもに諦めさせる状況」から構成されている。これら七項目のリスクについて、「現在直面している」「今後一〇年ぐらいの間に直面しそうだ」「直面する心配はない」を回答してもらった。

表**4-1**　分析の焦点と手順

who ＼ what	教育観	教育費政策
社会階層アプローチ	1	2
当事者性を考慮		3

この二つのwhoとwhatを重ねて、「誰が何を支持しているか」を逐次に分析する。この手順に際して、whatも二つに分けて考えておきたい。「教育政策に対する一般的な考え方(以下、教育観とする)」と、「費用負担や税負担に関連する教育政策に対する考え方(以下、教育費政策とする)」の区別である。これにwhoとwhatの二つを組み合わせると、四つの焦点に分けられる(表**4-1**)。この枠組みに対応させて、まず社会階層アプローチからはじめて、その後に当事者性を考慮したケースを取り上げる。ただし、今回は、教育費政策の分析を重視しているので、四つの焦点のうち「当事者性を考慮した教育観」領域については立ち入らない。したがって、以下の分析は、表中の番号順に検証をすすめる。なお、用いたデータは、五〇〇〇人のWEB全国調査で

ある。

2　教育観は階層によって異なる

（1）「大卒」と「非大卒」の断層

教育政策に対する一般的な考え方として代表的なのは、「トップ強化か、底上げか」の選択である。エリートを重視した効率的な教育観か、大衆の教育を重視した平等主義的な教育観か、の選択だといえる。第3章で紹介したように、全般的に底上げの平等主義的教育観が圧倒的な支持を受けている。学校教育は平等主義的でなければいけない、という社会規範が広く浸透しているようである。ところが、大学進学についての意見になると「学力が十分にある人のみが、大学に行くべきだ」に賛成するものが六七％を占めており、「高校を卒業した人であれば、誰でも大学に行ってよい」の支持者は三三％にとどまる。大学は、平等主義的教育の対象外だと考えられている。

この二つに着目して、先の五つの社会属性が与える影響をみてみよう。「エリート主義か、平等主義かの四段階評価」を従属変数とする回帰分析の結果は、表**4-2**のようになる。女性は平等主義の支持者（表の係数がマイナス）であり、年齢は有意な影響を与えていない。階層変数の学歴は、高卒をダミー変数の基準にすると、大卒者と短大卒がエリート主義の支持者（係数がプラス）であり、中卒・高卒・専門学校卒の間に違いはみられない。正規の事務職を基準とした職業変数では、サービス技能職だけが平等主義を志向し、無職（ここではほとんどが主婦）がエリート主義的であり、他の

表4-2　エリート主義か平等主義か

	標準化されていない係数		標準化係数	
	B	t値	ベータ	有意検定
(定数)	1.602	26.628		**
女性ダミー	−.121	−4.019	−.075	**
年齢	.002	1.827	.030	
中卒ダミー	.005	.055	.001	
大卒ダミー	.234	7.866	.144	**
専門学校ダミー	.004	.087	.001	
短大ダミー	.077	2.015	.034	*
専門管理職ダミー	−.042	−.959	−.020	
サービス技能職ダミー	−.122	−2.004	−.035	*
自営家族従事ダミー	−.013	−.245	−.004	
仕事主契約パート	−.050	−.998	−.019	
無職ダミー	.095	2.146	.050	*
退職年金ダミー	.073	1.206	.022	
失業中ダミー	−.074	−1.024	−.017	
仕事従契約パートダミー	−.029	−.583	−.012	
世帯年収(百万円)	.025	7.000	.109	**

R2乗　0.045，**p<.01　*p<.05

職業間に有意な差が認められない。世帯所得については、所得が多い層ほどエリート主義的になる傾向にある。標準化係数の大きさに着目すれば、「大卒」と「高所得層」の二つが「エリート育成に力を入れてほしい」と考える傾向にある。

多くの研究蓄積を総括して吉川は、「社会意識論型回帰モデルを用いた分析結果から、社会的オリエンテーションに対して安定した影響力を確認できるのは、まず学歴であり、続いて年齢と経済力だといえる」、「ある人の考え方や行動について知るために、あえて何か一つを尋ねるとすれば、最も有力なのはその人の学歴(教育達成)について聞くことだ」と述べている(吉川 二〇一四)。表4-

2のエリート教育観の事例によれば、年齢よりは男性のエリート主義が目立つが、学歴と所得については吉川の全体像とよく似ている。

こうした傾向は、「学力が十分にある人のみが大学に行くべきか、それとも誰でも大学に行ってよいか」という大学の教育観でも同じような結果になる。最も影響力が強いのは、大卒ダミー変数であり、「大学は学力のある人が行くところ」と考える傾向が強いのは「大卒者」であり、中卒・高卒・専門学校・短大の非大卒グループの間には違いがみられない。エリート主義的な大学観が強く、大学のさらなる大衆化に批判的なのは大卒グループだといえる。所得の影響も統計的に有意（判断を誤る確率は五％以下）だが、大卒ほど大きくはなく、性と年齢の影響はみられない。

この二つ以外にも、「義務教育の平等化か、多様化か」「公立学校の選択制を認めるか認めないか」「中高一貫校を推進するかしないか」「職業高校などの充実か、進学実績のある高校の重点的支援か」についても検討したが、すべてに有意な影響を与えているのは、「大卒ダミー変数」である。とくに、「公立学校を親や子どもが自由に選べるようにするほうがよい」という意見に賛成しやすいのは、「大卒」変数だけであり、それ以外の社会属性変数はまったく影響を与えていない。「平等よりも多様化」「中高一貫教育の推進」「実績ある高校の重点的支援」という自由と選択と重点化の教育観をもつのは、大卒グループである。吉川は、高学歴・高所得・男性ほど、平等主義より競争を重視する新自由主義の政策意見を支持する傾向があると述べているが、その結果とも整合的である。教育観の階層アプローチによれば、「大卒と非大卒」の間に、教育世論の「断層」があるように思われる。

(2) 小さな説明力の大きな力

「あるように思われる」という曖昧な表現をしたくなるのには、理由がある。表4-2の因果関係的分析の説明力は、わずか四・五%に過ぎないからである。高卒と大卒の平均値に差はあるが、高卒と大卒のそれぞれの回答分布はかなり重なっている。エリート主義的な教育観をもつ高卒者もいるし、大卒の多くも平等主義的教育を支持しているから、二つのグループの間に「断層」があるわけではない。吉川が指摘するように、そもそも社会意識を説明するモデルの説明力は、五%前後に留まってしまうことが少なくなく、一〇%前後であれば、階層性は十分高いと考えてよいし、平均値の有意差の存在は社会の理解にとってきわめて重要である。

しかし、計量分析の素人はもちろん、専門家であっても、五%前後の説明力では、説得的な因果関係を示しているとは思えないだろう。社会意識の計量分析は眉唾だと思うかもしれない。意識調査における回帰分析の弱い因果関係の現実的意味について、「平等主義とエリート主義」の調査項目を例に、少し説明を加えておこう。学歴を大卒と非大卒の二分類として、質問項目の分布をみると表4-3のようになる。このクロス表に単回帰分析を適用すると、説明力は一・九%になる。この小さい平均値推計の説明力を参考にして、学歴による分布の違いを確認しておこう。

A(底上げ)に力を入れてほしいと考える人が多く、B(エリート育成)に力を入れてほしいのは、「Bに近い」を含めて、一八%である。この全体分布に対して、大卒(二五%)と非大卒(一三%)の間には一二ポイントの違いがある。統計的に検定すれば、学歴と教育観が無関係だとはいえないが、

表4-3　大卒と非大卒の教育観(%)

	A　底上げに力を入れてほしい		B　エリート育成に力を入れてほしい		合　計
	Aに近い	ややAに近い	ややBに近い	Bに近い	
非大卒	37.6	49.8	10.1	2.5	100(2799人)
大卒	27.5	47.3	17.7	7.4	100(2193人)
合　計	33.2	48.7	13.4	4.7	100(4992人)

一二ポイントの差を大きいとみるか、小さいとみるかは、かなり主観的なものである。統計的に推論できるのは、平均値に差があるかどうかであり、平均値に差があるということは、分布が左右に動くということである。分布を動かす影響力のある要因(社会階層)と動かさない影響力のない要因とは、大きな違いである。分布を動かさないにもかかわらず、あたかも影響力があるかのように説明する(語る)言説を排除することは、社会科学の最低限の研究作法である。

そのような説明をしても、**表4-3**の事例では、学歴の影響がそれほど重要だと思われないかもしれない。とくに、過半数によって政治判断を決める世論調査だとすれば、このAとBの選択は争点にならない。大卒であれ、非大卒であれ、ともに平等主義的教育が過半数を占めるから、影響力の有無は政治的には重要な意味をもたないだろう。しかし、圧倒的に平等主義規範が強く、エリート育成の必要性を公言できないような雰囲気を想像してほしい。二、三〇年前を振り返ってみれば、エリート育成の提案は公言しにくいほどにマイナーな意見だったが、最近では、エリート育成や優れた一部の大学への集中的投資が政策として積極的に取り上げられるようになっている。かつてのマイナーがそれほど極端な意見でなくなりつつある。高学歴化による大

表4-4　義務教育のあり方（%）

	義務教育の二分法選択		合　計
	平等化を目指すのが望ましい	多様化を目ざすのが望ましい	
非大卒	54.4	45.6	100（2799人）
大卒	42.8	57.2	100（2193人）
合　計	49.3	50.7	100（4992人）

卒の数の増加が、意見の分布をエリート志向に動かしているからかもしれない。だとすれば、一二ポイントのシフトは決して小さいものではない。

これも一つの解釈だが、小さな説明力が政治的に大きな意味をもつのは、AとBの判断が拮抗している場合である。このケースに該当するのは、義務教育のあり方についての質問項目である。「たとえ画一的になっても平等を目指す方法で教育を行うべきだ（A）」と「たとえ不平等になっても多様化を目指す方法で教育を行うべきだ（B）」の選択は、**表4-3**のケースよりも説明力が小さいが、大卒ダミー変数の影響力はある。しかもこの項目の全体の分布は、四九%が平等化、五一%が多様化の支持になっている。**表4-4**がその結果である。

この全体の分布を大卒／非大卒に分けてみると、大卒の過半数派は多様化支持になり、非大卒の過半数派は平等化支持になる。過半数の政治力学からすれば、説明力の小さい影響力が、大きな対立軸を生み出す可能性がある。それだけではない。今後の大卒の増加にともなって、日本全体の社会意識分布が義務教育の平等化から多様化に動くかもしれない。「静かなる革命」（イングルハート　一九七八）の一つの断面である。

ややくどい説明になったのは、社会意識の計量分析を手がけてみて、その小さい説明力に戸惑ったからである。世論のような意識調査の計量分析を解釈するためには、慎重な理解と検討が必要だと思う。

3　教育費政策の選好に階層の違いが見られない

（1）「学歴の消滅」という発見――共有された「親負担主義」文化

次に考えたいのは、「費用負担や税負担に関連する教育政策に対する考え方（教育費政策）」に対する社会階層アプローチである。教育観の質問は観念的なものだが、教育費政策は実践的である。「誰でも大学に行ってよいか、あるいは学力が十分にある人のみ行くべきか」というのは、大学という教育機関に対するイメージや観念だが、大学教育にかかる費用を「A：社会が負担するか、B：個人（もしくはその家族）が負担するか」は、実際の行為にかかわる実践的質問である。このAとBについて、「Aに近い、ややA、ややB、Bに近い」の四件法で質問した。自己負担で進学した大卒者は個人負担（B）に近い意見かもしれないが、進学しなかった、あるいはできなかった非大卒者は社会負担（A）を希望するように想像される。

そこで、先の教育観と同様に階層変数による回帰分析を行った。その結果が**表4-5**である。何よりも驚くのは、学歴のダミー変数がすべて有意な影響を与えていないことである。学歴が意識および行動に確実かつ安定的に影響を与えることは、この分野の研究者にとってほぼ常識である。学歴は人々の考え方を規定する文化資本だとする見方である。ところが、大学教育の費用負担問題になると、学歴による見解の相違が見られない。七三％、つまり四人のうち三人は、「やや近い」を

表 **4-5**　大学教育の社会負担と個人負担

	標準化されていない係数		標準化係数	有意検定
	B	t 値	ベータ	
(定数)	2.638	43.164		**
女性ダミー	−.039	−1.287	−.024	
年齢	.007	7.667	.126	**
中卒ダミー	−.013	−.159	−.002	
大卒ダミー	.007	.236	.004	
専門学校ダミー	−.053	−1.176	−.019	
短大ダミー	−.001	−.015	.000	
専門管理職ダミー	−.027	−.607	−.013	
サービス技能職ダミー	−.192	−3.110	−.054	**
自営家族従事ダミー	−.028	−.496	−.009	
仕事主契約パート	−.040	−.793	−.015	
無職ダミー	−.060	−1.327	−.031	
退職年金ダミー	.059	.959	.018	
失業中ダミー	−.057	−.774	−.013	
仕事従契約パートダミー	−.223	−4.452	−.089	**
世帯年収(百万円)	.010	2.823	.044	**

R 2 乗　0.029，**p＜.01　*p＜.05

含めて、「個人が負担すべきだ」に賛成している。大学の自己負担主義は、実際には親負担主義であり、大学に行かせるか行かせないかは、「親の責任だ」と「自分の学歴とは無関係に」思い込まれている。非大卒者も「大学に行かなかった、行けなかった」のは、自己(家族)責任だと判断していることになる。こと費用負担については、大卒と非大卒の断層が見られない。むしろ、学歴という文化資本を超えて共有された「親子一体の家族観」が浸透していると考えるべきだろう。

しかし、すべての階層変数が無関係なのではない。年齢、職業、所得は部分的に有意な影響を与えている。年齢については、高年齢ほど自己負担派が増える。年齢と負担意識のクロス集計によると、二〇代の六八％に対して七〇代は八一％になる。年齢とともに増えるが、二〇代から五〇代の間には大きな違いはなく、六〇代以上の高齢者に自己負担派が増える。子どもが成長して、大学との関係が希薄になったためかもしれない。

職業変数（事務職を基準）では、「サービス技能職」と「仕事が従の契約パート職」が、平均よりも社会負担派が多い（表の係数がマイナス）。雇用の機会が教育の費用負担意識に影響を与えており、「雇用と教育」の政策を考える一つの視点を提供しているように思う。世帯年収が多いほど自己負担派が増えるのは分かるが、低所得層と中所得層の間に大きな違いはない。非大卒者の意識とともに、所得の中間層まで親子一体の家族観が強く浸透しているといえる。

階層変数の特徴を示せば、以上のようになるが、それよりも重要なのは、この回帰分析の説明力が二・九％にすぎないところにある。先に小さい説明力の重要性を指摘したが、費用負担の結果の特徴は、小さい説明力そのものにあると解釈すべきだろう。年齢と世帯年収が有意だとしても、六〇代以上の高齢者や高所得層（上位二五％所得）に限定された影響に過ぎない。社会負担派が二五％にとどまる状況において、「サービス技能職」と「仕事従契約パート職」の約三七％が「社会が負担するべきだ」と答えている声には耳を傾ける必要があるが、総じて、大学の教育費負担の特徴は、階層変数の影響が小さいことにある。

吉川が重要な指摘をしている（吉川 二〇一四）。「不公平感と向社会性については、決定係数が小さく（三・九％と二・五％―引用者注）、何を契機に社会のどの層がどれだけこれらの社会的態度を変化させてくれる可能性があるのか、というメカニズムがよくわからず、誰が強くこの社会的態度を肯定しているのかも、はっきりわからない」、「つまり、これらは、〔中略〕社会の仕組みに繋留されることなく、浮遊した状況にある志向性なのだ」。つづいて、「それゆえに、これらは「主義」としての機能をもたらすとはみなせない」と述べている。

説明力の小ささに着目する意義は大きいと思う。四人に三人が支持している自己負担を「誰が」強く支持しているのかが分からないのである。本章の冒頭に述べたように、誰かをはっきり特定できなければ、世間一般に広く共有された普遍的な社会意識として定着していることになる。吉川流に説明すれば、「社会のどの層が、大学教育費負担についての考えを変化させる可能性があるのか」が分からない。細い糸を紡げば、「サービス技能職」と「仕事従契約パート職」の一部の強い悲鳴を引き出す政治の力の問題になるだろう。**表4-5**の結果の中で、係数がマイナスで統計的に有意(ゼロではない)といえるのは、この二つの職業変数だけである。この政治の力の可能性を打ち消すように、費用負担の仕組みは変わらず「浮遊した状況」がつづくのかもしれない。

吉川は小さい説明力を、浮遊した状況、あるいは主義なき状況の現われとして説明しているが、それは不公平感や向社会性という社会態度の解釈だろう。教育費の負担意識のケースは、日本社会に広く深く浸透した支配的な規範であり、イデオロギーであり、主義であると思われる。つまり、大学教育費の親負担主義である。高等教育研究では、学歴(大学教育)が社会規範を変えるインパクトをもっていると理解され、研究蓄積も多い。ところが、教育費の負担意識にいたっては、学歴の効果が消滅している。親負担主義で支えられてきた日本の大学が、親負担主義を継承させる契機になっている。言い換えれば親子関係の強い一体感は、学校教育によって変わることなく、継承されている。学歴の消滅という発見は、親負担主義という日本の文化に支えられている現実の大学の姿だといえる。

親子関係から派生する費用負担問題には、もう一つの特徴がある。「子育てにかかる費用の負担について」、大学教育と同じ質問をした。子育ては、大学と違って、社会負担派が多くなるが、それでも五二％にとどまり、子どもにかかる費用は家族が負担するべきだという意見と拮抗している。この負担意識の階層分析によると決定係数はさらに小さくなり、一・二％にすぎない。学歴の影響は、ここでも消滅している。一％危険率で統計的に有意な変数は、年齢と世帯年収だけである。年齢の影響が出るのは、主として三〇代の六一％が社会負担を希望しているからで、年齢効果というよりも、当事者効果である。年収は、上位二五％の高所得層の自己負担派が多いという程度の影響である。五％危険率で有意なのは、職業変数の「仕事従契約パート職」だけだが、これも階層の影響というよりも、当事者性による。

大学教育と子育てでは、社会負担の支持率に違いはあるが、誰が強く支持しているかが分かりにくいという意味で共通している。同時に、親子一体の家族観、ないし親負担主義が社会階層にかかわらず日本社会に深く浸透し、空気のようになっていると言えよう。

（２）階層によって揺るがない教育劣位社会

教育劣位社会の特徴は、子ども中心の教育観にあり、子ども時代の総仕上げである高等教育と大人のための職業教育訓練は最劣位にある。子育てと大学の費用負担の意識を読みこむと、教育劣位の政策構造が、社会階層とは無関係に維持されていることがわかる。教育観や社会観といった観念論の意識と家計負担や税制に関連する政策論の意識とは、その形成メカニズムが異なっているようである。その違いの典型が、学歴の影響に現れている。学歴は観念論に強い影響を与えるものの、政策の実践には影響しない。これは、かなり興味深い現象である。そこで、もう少し掘り下げて検討を加えておこう。

私たちが教育劣位社会と呼ぶことにした一つの根拠は、「A：税金が増えるぐらいなら積極的に進めなくてもよい、B：税金が増えてもいいから積極的に進めるべきだ」の政策判断を福祉領域別に質問した結果である。つまり、「増税による施策強化を支持する」割合を指標にして、医療・介護・年金・雇用よりも低位にある教育の順位を示した。費用負担とは、税金の考え方に他ならない。大学と子育ての費用負担の分析経験からすると、「増税による施策強化」に与える社会階層の影響も同じような構造をしていると想像される。

実際に先と同様の社会階層アプローチの分析を社会政策領域別に適用したが、いずれも説明力は非常に小さく、学歴の影響がほとんどみられなかった。回帰分析の結果は煩雑なので省略し、各分野についての「増税による施策強化を支持する」割合を社会階層別にまとめると、**表4-6**のようになる。

全体の増税支持率は、増税してでも積極的に進めてほしいという希望であり、政策の優先順位を表明している。「医療」の優位性（七六％支持）に比べて、大学教育と「労働者の再教育」の支持率は三〇％に満たない。この教育劣位の社会像が階層によってどのように異なっているかを見ると、学

表 **4-6**　階層別の「増税による施策強化を支持する」率(%)

		医療	介護	年金	失業者就職支援	公立中高整備	大学進学機会	労働者再教育
全体		75.6	71.7	66.2	49.4	48.9	28.8	28.2
学歴	中・高卒	75.0	70.0	67.9	49.4	48.4	28.0	27.3
	短大・専門卒	74.4	70.6	64.8	47.2	48.4	30.8	25.9
	大学卒	76.6	73.5	65.7	50.5	49.6	28.2	30.1
	カイ二乗検定		*					*
所得	第1四分位	73.9	68.6	65.5	51.2	47.8	27.5	30.6
	第2四分位	76.3	71.6	67.4	50.1	51.1	31.0	27.2
	第3四分位	77.3	74.7	66.5	48.2	52.4	30.5	27.1
	第4四分位	76.3	74.6	66.7	48.4	48.2	29.4	28.6
	カイ二乗検定		**					
職業	最大支持率の職業	仕事をしていない 78.5	契約パート職 73.5	契約パート職 68.7	仕事をしていない 53.6	仕事をしていない 52.4	契約パート職 32.2	契約パート職 31.5
	最小支持率の職業	サービス技能職 66.1	サービス技能職 59.9	サービス技能職 55.2	サービス技能職 40.8	サービス技能職 43.0	自営・家族従事者 25.5	サービス技能職 18.1
	カイ二乗検定	すべて　**						

**$p<.01$　*$p<.05$

歴と所得階層ともに、支持率にほとんど影響を与えていないことがはっきりする。

学歴によって支持率が動くのは、「介護」と「労働者の再教育」の二つに限られるが、ともに学歴による差は、三ポイントほどあるにすぎない。この違いは、教育劣位の構造とはまったく関係のない程度の話である。所得階層による影響がみられるのは、「介護」だけだが、これも六ポイントの範囲にとどまる。職業階層は、すべての政策に対して、統計的に有意な影響を与えている。表には最も支持率の高い職業と最も低い職業を示しておいた。支持率が高いのは、

「契約パート職」と「仕事をしていない」である。二つともに多様なケースが含まれており、当事者性やニーズが深刻な者とゆとりのある生活者が混在しているので、職業階層の分類としては適切ではない。一方、支持率が低いのは、サービス技能職であり、ほとんどの分野で最小支持率を記録しており、増税を最も忌避している階層である。

以上の結果の特質を二つ指摘しておきたい。第一は、子育てと大学の費用負担の分析と同じように、「公立の中学・高校の整備」も、「労働者の再教育」も、社会階層による影響はほとんどみられないということである。しかし、第二に、このことは教育政策に必ずしも特有の現象ではなく、「医療」や年金政策への態度においても共通する特徴だといえる。ただし、職業分類の仕方によって、職業変数の影響は異なってくる。職業分類によって、生活の社会ニーズが顕著に現れる場合があるからである。しかし、今回の結果は欧米の社会学でよくみられるような、「ホワイトカラー／ブルーカラー」「ミドルクラス／ワーキングクラス」といった文化的・経済的に分断された職業階層の影響とはかなり異なっている。正規労働者に限れば、日本の職業階層の影響は小さい。ここでの職業分類は、文化的な社会階層よりも、当事者性やリスクの関係として理解する必要がある。そこで、最後に当事者性を考慮した世論の形成メカニズムを考察しておきたい。

4 階層よりも当事者性とリスクに敏感な世論

（1）世論は当事者か否かで揺らぐ

観念的な教育観は、社会階層、とりわけ学歴の影響を受けやすいが、政策の実践にかかわる家計負担や納税意識は、社会階層の影響をあまり受けていない。家計の負担と税金は、政治的課題であり、政治行動は社会階層の影響を受けていると思い込んでいた私には、新鮮な驚きだった。

だからといって、教育費政策の世論は、その形成メカニズムが分からないままに浮遊しているわけではない。政策の世論は階層ではなく、当事者性によって大きく規定されている。欧米産の階層概念は、社会の利害関係を共有化した同質集団群の分類として観念されている。しかし、日本の社会階層は、利害関係の集団群としてまとまっているわけではなく、階層間の境界線が曖昧になっている。日本の政党政治が階層を代表していなかったり、同じ党内の構成が多様化し、顔が見えなかったりするのも、利害関係集団が拡散しているからだろう。このように考えれば、社会階層的集団ではなく、具体的な利害が生じる生活場面を共有化しているかどうかの当事者性を検証するのが現実的である。

まず、教育の当事者であるか否か（学齢期の子どもの有無や子どもの大学進学にかかるリスクの有無）によって、教育世論が揺らぐかどうかについてみてみよう。

図**4-1**は、世帯を「子どもなし」、「高校を卒業」（子どもみなが高校を卒業している世帯）、「中学生以下がいる」（少なくとも一人は中学生以下）、「高校生がいる」（少なくとも一人は高校生がいる世帯）という四つに分類し、その類型ごとに世論への賛否を集計したものである。図**4-1**に示されるように、「大学進学機会の確保」に「税金が増えてもいいから積極的に進めるべき」あるいは「どちらかといえば税金が増えてもいいから積極的に進めるべき」に◯をつけた割合は、「子どもなし」が二一・

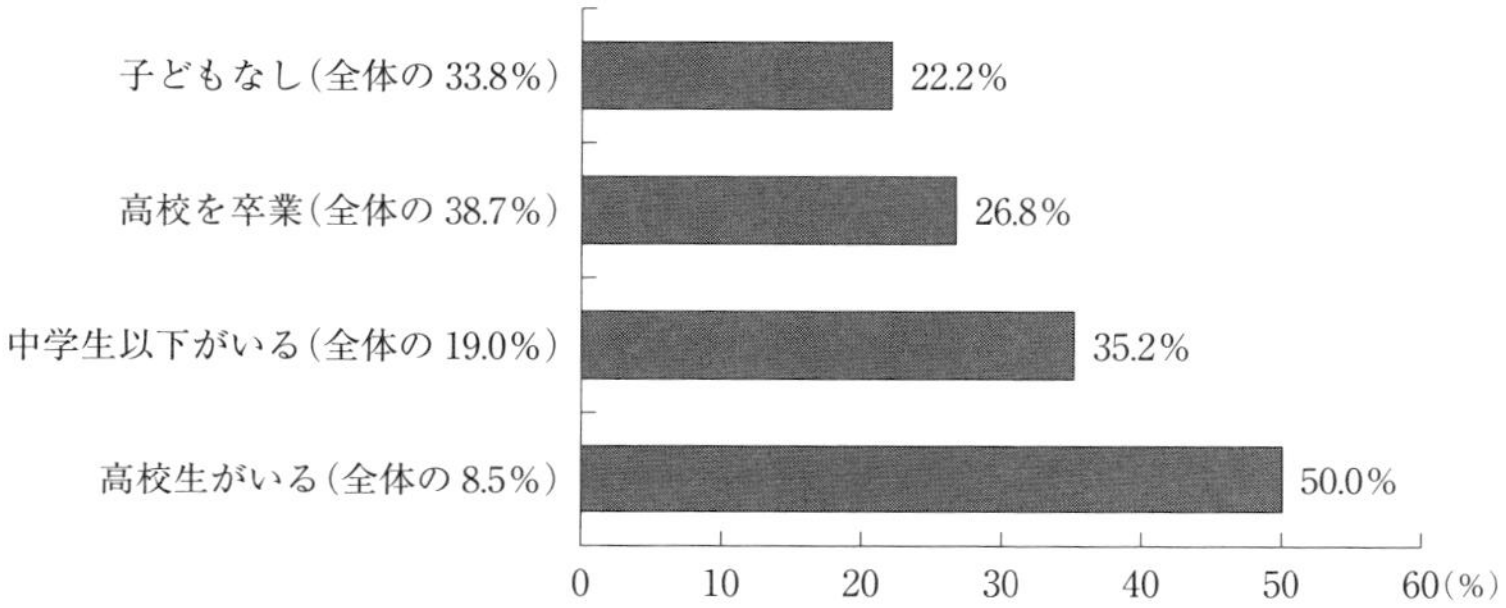

図 **4-1** 「大学進学機会の確保」の増税支持率

二%、「高校を卒業」が二六・八%という低い数値にとどまっている。それに対して、大学進学の準備が必要な「高校生がいる」では五〇・〇%という大きな数値に跳ね上がる。その差異は二〇ポイントを上回り、社会階層変数の影響とは大違いである。ところが、将来的には大学進学の準備が必要になるかもしれないが、今はまだ喫緊の当事者ではない「中学生以下がいる」では三五・二%となり、「高校生がいる」よりも一五ポイントほど低い。

当事者であるかどうかによって、世論が敏感に動く様子が顕著に現れている。といえば、「あたり前でしょう」というのが一般の反応だろう。しかし、私が驚くのは、わが子が高校を卒業してしまえば、子どものいない世帯と同じように、政策への関心を失ってしまうという事実にある。しかも、「中学生以下の子どもがいる」世帯の切実感は、「高校生がいる」世帯よりもかなり低い。そして支持率だけでなく、四つの世帯分類の分布に注目しておく必要がある。深刻な状況にある「高校生がいる」世帯の割合は八・五%にすぎないから、彼らの声が世間に伝わる可能性は極めて小さい。一方で、すぐに当事者になるはずの「中学生以下がいる」世帯は一九％を占めるにもかかわらず、楽観的に構えているようだ。さらに、わが子が高校を卒業した三九％の親は、昔の苦労をすっかり忘れて、子どものいない世帯と同じような反応である。わが子に関連する教育政策へのニーズは、局所的かつ短期的なもので、一過性が強い性質をもっている。わが子の家族問題をすり抜ければ、のどもとすぎれば熱さを忘れるように、社会への関心が希薄になっていく。図**4**-**1**から見えるのは、強い当事者性の存在だけでなく、「わが子だけが大事」という家族中心主義的な生活像である。

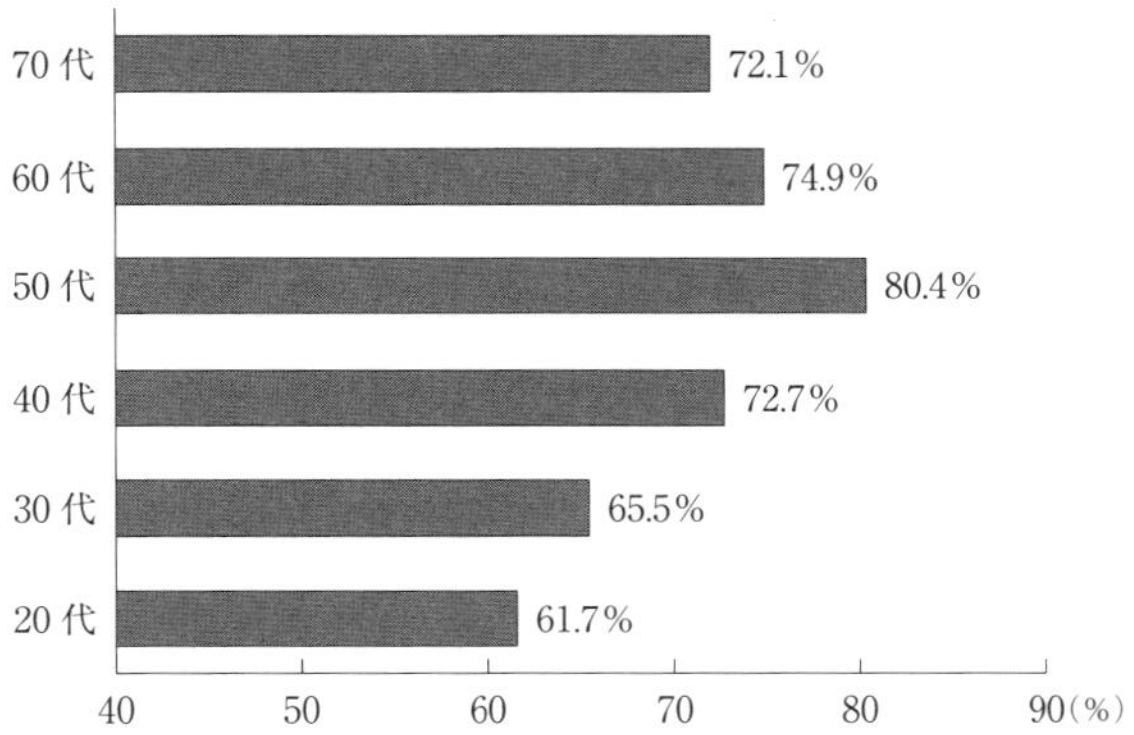

図**4-2**　「介護制度の整備」の増税支持率

いま一つの例をみてみよう。社会ニーズの強い「医療」「介護」「年金」は、高齢者が当事者になる可能性が高い。この三つの施策の増税支持率を世代別にみると、年齢の影響が最も顕著なのは、「介護制度の整備」だった。その結果を図**4**-**2**に示した。支持率の最も低い二〇代でも支持率は六二％で、すべての人が当事者になる介護不安と介護ニーズの強さが現れている。五〇代の支持率が八〇％と最も高い支持率になっているのは、親の介護が最も深刻になっているからだろう。

子どもの世帯類型や年齢は、当事者を特定する一つの方法ではあるが、当事者としての切実感は、もっと具体的かつ直接的である。しかし、個人によって異なる状況を把握するのは、アンケート調査の力の及ぶ範囲ではない。そこで私たちが工夫したのは、生活のリスクについての質問項目である。このリスク変数を当事者性の一つの指標だと考えた。

(2) 生活リスクによる世論の揺らぎ

そこで次に、「医療」・「介護」・「年金」の世論と比較して、教育政策におけるリスクの影響の大きさをみていく。質問紙では「医療」・「介護」・「年金」の当事者を把握する質問として、それぞれのリスクについて、「直面している」「一〇年ぐらいの将来に直面しそう」「心配ない(リスクなし)」を尋ねている。これらの項目を用いて、教育および「医療」・「介護」・「年金」の政策世論が、三つのリスク段階に応じてどのように動くかをみたのが表**4-7**の結果である。

「大学進学機会の確保」の増税支持率は、「リスク直面」(「経済的な理由で、大学、短大、専門学校への進学を子どもに諦めさせる状況」)で四一%、「将来リスク」で三八%、「リスクなし」で二五%となり、リスクの有無で大学進学の確保への意見が異なっている。教育分野の「公立中学・高校の整備」についても、「公立の学校に安心して子どもを任せられない状況」に直面しているかどうかに分けて支持率をみると、「リスクなし」の四六%から五四%、五五%に上昇する。

次に、「医療」・「年金」・介護政策についてみると、まず「十分な医療が受けられるような環境の整備」の増税支持率は、「リスク直面」(「大きな病気を抱える状況」)で七七・五%、「将来リスク」で七七・六%とほぼ変わらず、「リスクなし」では六九・一%。差異はみられるものの、大学教育政策よ

表 4-7　リスク別の増税支持率(%)

	教育政策		医療・介護・年金		
	大学進学機会	公立中高整備	医療	介護	年金
リスク直面した／現在直面	41.1	54.6	77.5	77.7	67.8
今後 10 年ぐらいの間に直面	37.6	54.4	77.6	73.9	68.7
直面心配なし	24.6	45.6	69.1	62.4	63.2
全　体	28.8	48.9	75.6	71.6	66.2
クラマーの V 係数	0.14	0.085	0.083	0.114	0.057

りは小さい動きになっている。「年金」でも同様の結果がみられ、最も大きな値がみられた「将来リスク」(六八・七%)と最も小さい値がみられた「リスクなし」(六三・二%)の差異は五・五ポイントにとどまる。「医療」・「年金」の重要性が社会的に広く認識されており、本人のリスクの有無による世論の揺らぎは比較的小さい。「介護」(「社会で介護の負担を担う制度の整備」)については、「リスクなし」でも六二%の支持があるうえに、「リスク直面」で七八%、「将来リスク」で七四%。リスクによって、さらに政策への支持の割合が高くなる。

リスクによって増税支持率が違っていることは、統計的に確認できるが、表にはリスクと支持率の関連の強さを示すクラマーのV係数を示しておいた(この値が大きいほど二変数の関連が大きい)。関連が大きいのは、リスクの有無による「世論の揺らぎ」が大きいからである。この係数を比較すると、「大学進学機会の確保」が最も大きい(〇・一四)ことが分かる。進学機会の平等政策は、全体の増税支持率が最も小さい(劣位)けれども、リスクの有無による揺らぎが大きいという特徴をもっている。この傾向は、子どもの成長によって支持率が大きく変動していた先の結果と同じである。次いで揺らぎが大きいのは、「介護」の〇・一一である。介護は、全体の増税支持率が高いけれども、リスクに直面しないと深刻さが分かりにくいようだ。その一方で、関連係数が最も小さいのは「年金」である。介護と違って、直面していなくても政策のニーズ（必要性）が分かりやすいからだろう。「公立中・高の整備」と「医療」は、揺らぎとしては中間的である。

5　階層とリスクの背後にある家族責任主義を問う

教育費政策の世論を中心にまとめれば、そこに社会階層の影響はみられず、政策のニーズは、当事者性ないしリスクによって決まる。いたって単純だが、このことを「大学進学機会の確保」という施策を「税金を増やして進めるべきか」（四件法）による重回帰分析から確認しておこう。学歴と職業のダミー変数は煩雑になるので、説明の論理に大きな支障がないことを確認して、学歴は「教育年数」（中学校の九年〜大学の一六年の四段階）とし、職業変数は省略した。

表4-8の分析結果のうち、第一段階のモデルを確認すると、性・年齢・教育年数・世帯年収の四変数は「増税を支持する」傾向に対してまったく影響を与えておらず、これまでの指摘が顕著に現れている。そこで、第二段階として、当事者性の変数を投入する。家族の当事者性として、「在学する子どもの有無」を代表させ、リスクとして「子どもの進学を諦めさせる状況」に「現在直面している」「今後一〇年ぐらいで直面しそう」「直面する心配はない」という変数を追加した。この

表 4-8　「大学進学機会確保のための増税支持の程度」の規定要因：三段階モデル

	第一段階			第二段階			第三段階		
	B	t 値	有意検定	B	t 値	有意検定	B	t 値	有意検定
(定数)	2.003	16.909	**	1.431	11.255	**	1.334	11.107	**
女性ダミー	.002	.080		.000	.019		−.026	−1.055	
年齢	−.001	−.886		.002	2.487	*	.003	3.209	**
本人教育年数	.006	.826		.013	1.784		.010	1.432	
世帯年収(百万円)	.000	.052		.000	.116		.002	.664	
大学進学リスク	R2 乗　0.000			.175	7.700	**	.120	5.559	**
在学子弟あり				.256	9.217	**	.219	8.356	**
進学リスク社会対応				R2 乗　0.039			.589	2346.9	**
							R2 乗　0.144		

**p＜.01　*p＜.05

六変数の分析結果によれば、当事者性の二変数はともに有意な影響を与えていることが分かる。当事者性が同じ条件であれば、年齢が高いほど増税を支持する傾向がある。それでも、教育年数と所得は統計的に優位な影響を与えていない。

当事者性の有意な影響は確かだが、モデルの説明力は三・九%に過ぎなく、いささかものたりない。当事者性を十分に把握できる変数を発明できていないためだと言えるかもしれないが、小さい説明力の原因は、当事者性の測定技術によるものではない。リスクに直面している当事者の問題解決の方法が異なっており、それによって増税に対する姿勢が影響を受けている。私たちの調査では、直面するリスクだけでなく、そのリスクにどのように対応すべきであるかを質問している。わが子の進学が難しい状況に対応して、「自己責任で対応すべき」、「家族で対応すべき」、「社会(国)で対応すべき」の三つから一つを選択してもらった。統計分析では、自分自身と家族をまとめて、「社会で対応すべき」という回答を一とするダミー変数を採用した。この変数を追加した分析結果が、第三段階の重回帰式である。結果から明らかなように、社会対応変数がプラスに有意であ

表 **4-9**　大学進学リスクに対応する考え方（学歴別）（％）

	自己責任で対応すべき	家族で対応すべき	税金を高くして社会（国）で対応すべき	合計
中学校卒	15.8	50.9	33.3	100.0（ 114 人）
高校卒	16.9	48.2	34.9	100.0（1472 人）
専門学校卒	12.8	46.8	40.4	100.0（ 468 人）
短大卒	14.5	49.9	35.6	100.0（ 745 人）
大卒	18.3	48.2	33.6	100.0（2193 人）
全　体	16.7	48.4	34.9	100.0（4992 人）

り、しかもその係数の影響力が大きく、説明力は、一四・四％になる。個人の行動を説明する分析では、一〇％を上回るケースは多いが、意識調査の説明力としては、かなり大きい数値だと言える。第三節の**表4-5**で紹介した「大学費用の社会負担か、個人負担か」の変数にこのモデルを適用すると説明力は、一三・四％にはね上がる。そして、第三段階のモデルでも、「増税支持率」「大学の費用負担」ともに、教育年数と世帯収入は有意な影響を与えていない。

大学教育費の分析で指摘したように、学歴が費用負担意識に有意な影響を与えていないのは、学歴とは無関係に、親負担主義の支配的規範が強いためだと解釈した。この解釈は、日本の教育費政策の世論形成を説明する方法としてかなり適切だと言える。学歴と進学リスク対応とのクロス表を示しておくと、**表4-9**のようになる。カイ二乗検定によれば、有意確率四・四％で、学歴と進学リスク対応は無関係だとは言えないという結果になる。両者が独立でないのは確かだが、高学歴ほど家族責任、あるいは社会責任派が大きくなるという線形関係にはない。社会（国）で対応すべきだと考える者が多いのは、専門学校卒である。人数の多い高

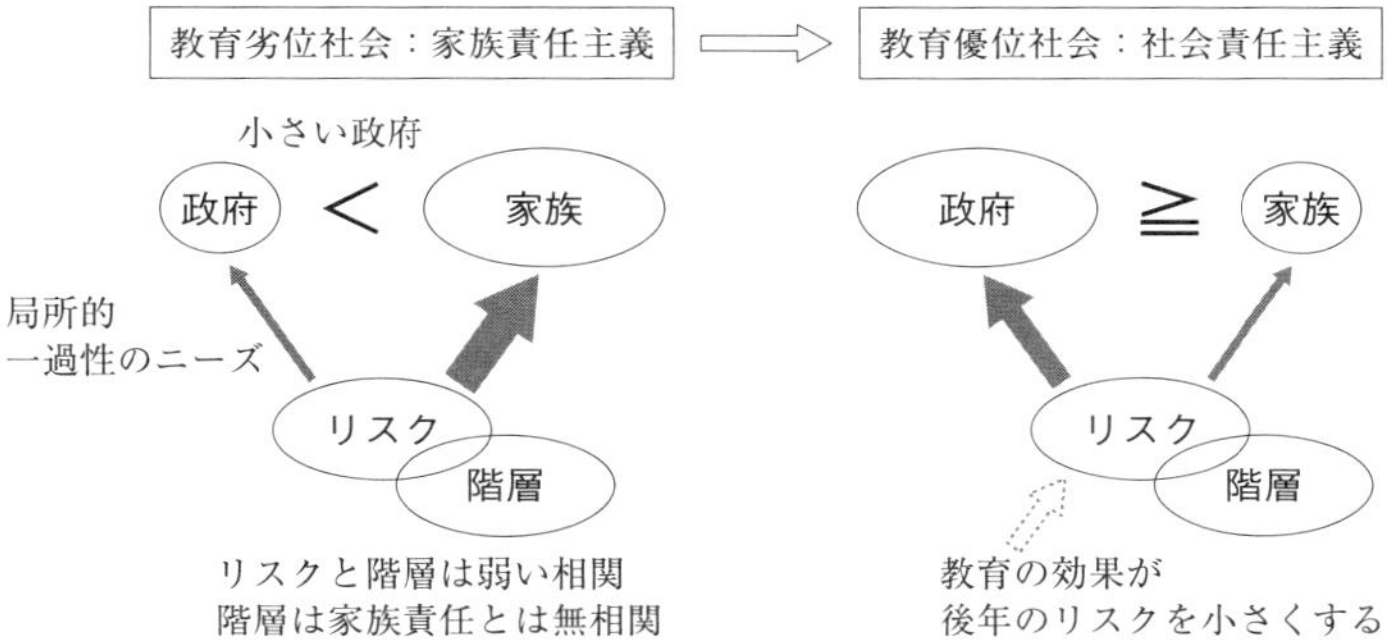

図 **4-3**　教育劣位社会の構図と世論形成

卒と大卒を比較すると、リスクに対する考え方に大きな違いはない。

教育だけでなく、他の社会政策においても、自己責任ないし家族責任の強さが、政策の増税支持率を規定する大きな要因になっている。「社会(国)で対応すべきだ」という割合が多い順を領域別にみると、①介護リスク六五％、②病気リスク四八％、③引退リスク四六％、④失業リスク四六％、⑤大学進学リスク三五％、⑥社会人の技能不足リスク一四％、となっている。学歴や所得の社会階層が世論を決めているというよりも、分類された社会階層を横断して浸透している家族主義が、日本の社会政策の世論形成を規定していると言える。

計量分析の解釈を図に表現すると、図**4-3**の左の「教育劣位社会像」になる。この図のポイントは三つある。第一に、リスクと階層の間には弱い相関関係があるが、リスクの解決行動に階層は影響を与えていない。第二に、リスクの解決ルートは、主として家族ないし個人であり、政府に解決を期待する勢力は少数派である。政府に解決を求める小さい声がメディアに取り上げられたりすることはあるが、局所的で短期的、あるいは一過性のニーズになり、すぐに忘れられる。第三のポイントは、リスクの家族責任主義が教育劣位社会という「小さい(教育)政府」をつくっていることである。

政策世論の計量分析の帰結は、伝統的家族主義の再発見ということになるが、ここで最も重要なことは、家族責任と家族で解決できない社会的深刻さとの綱引きが、大きく変わろうとしているところにある。社会リスクの深刻さは、家族の力だけでは解決できないところまできているのではないか。あるいは、家族への負荷が大きすぎるために、少子化が進行したのではないか。

社会の不平等や少子高齢化社会は、伝統的家族の復活という政治的旗振りでは解決しない問題である。家族責任主義的に解決してきた介護問題は現在では社会化されているし、すでに家族が多様化している現状では、人生設計の柱を家族責任から社会責任へとシフトせざるをえなくなっている。

教育・雇用・年金・介護・医療の生涯設計をすべて個人主義的に解決する、あるいはすべてを家族責任主義にするのは一つの見識ではあるだろう。あるいは、すべてを社会責任主義にする福祉社会の設計もスジが通っている。しかし、教育だけを家族責任とする「ねじれた」日本の教育劣位社会は、人生設計としてバランスを欠いている。学ぶ機会の不平等は、雇用、さらには年金、健康の不平等を大きくさせる。したがって、雇用・年金・医療の社会責任を考えるなら、人生のスタートの教育の不平等是正を先に考えるのが合理的である。教育の効果は、個人だけでなく、社会全体に波及するからである。したがって、むしろ逆の責任バランスなら理解できる。つまり、税金を投入して大学教育機会を平等に手厚くし、学んだ後の結果の雇用や年金の不平等は個人責任にするという考え方である。大学教育を家族責任から社会責任に転換したほうがよいと私は考えているが、その一つの根拠は、教育、つまり知識・技能の不足の解消が、将来の雇用リスクや引退・年金リスクなどの生活リスクを小さくする効果をもつからである。
図の右に「教育優位社会」の概念図を対比させておいた。この視点を共有した生涯教育政策のビジョン・エビデンス・ファイナンスについては、第8章で議論する。

参考文献

R・イングルハート、三宅一郎他訳　一九七八、『静かなる革命——政治意識と行動様式の変化』東洋経済新報社。
吉川徹　二〇一四、『現代日本の「社会の心」——計量社会意識論　Sociological Social Psychology in Contemporary Japan』有斐閣。

第5章　情報は教育世論を変えるか

濱中淳子

1　世論研究からの示唆——情報の影響

世論形成過程と情報

世論をめぐる研究の大きな潮流のひとつに、その形成過程を議論するというものがある。古くは今から一世紀近くも前、W・リップマンの名著『世論』まで遡ることができようが、より集中的に研究者によって扱われるようになったのは、ここ半世紀ほどであろうか。世論形成過程を扱った代表的研究として取り上げられることが多いコロンビア大学のラザースフェルドらによってまとめられた『ピープルズ・チョイス』が出版されたのは、一九四四年。この研究では、新聞や雑誌、ラジオといったメディアを介して提供される各党のキャンペーンが、有権者の投票意図の変化とどのように関連しているのかが検討された。さらに例を挙げれば、メディアが選挙報道で強調した争点＝有権者が大事だと思う争点になることを主張した「議題設定効果仮説」（マコームズ、ショー　一九七二）、他者の意見を知ることで、自分の意見を調整する状況を描いた「沈黙の螺旋仮説」（ノエル＝ノイマン　一九九三）などが有力な議論として知られ、他方で最近では、性質をやや異にする「討論型世論調査」というものも展開されている。討論型世論調査とは、はじめに何らかの政策的論点に関して意見を尋ねたうえで、一部対象者に討論のための資料や専門家から情報提供を受けてもらう。そして小グループと全体会議でじっくりと討論したあとに、再度調査を行い、意見や態度の変化をみるという社会実験である。一九九〇年代半ば頃から試みられるようになり、曽根ほか（二〇一三）や岩本（二〇一五）によれば、すでに一八以上の国・地域で、七〇回以上の実験が行われているという。

以上は一部を取り上げたに過ぎず、ほかにもさまざまな研究が蓄積されている。その詳細なレビューは専門書に譲りたいが（岡田ほか 二〇〇七、蒲島ほか 二〇一〇など）、概観する限り、世論形成過程を扱う研究の多くが、「情報の影響」を分析の要に置いていると言ってよいだろう。情報が共有され、あるいは操作される中で、世論はどのように変わるのか。たしかに人は、自身が思いもしなかったことを知ることで、意見を変えることがある。そういう考え方があったのかと、動くことがある。

考えてみれば、政策を扱う研究者たちの試みも、世論を動かすための知を生産するものだと言えるだろう。データを分析し、どのような施策が鍵になるかといった情報を発信する。それは、多くの人に自らの主張を理解してもらい、施策の実現へ動き出すためのうねりを作り出したいと考えているからにほかならない。

共有されていない教育の現状――ミニ・マスコミ形式による実験

ところで、ここで翻って教育領域の状況を振り返れば、世論形成過程研究が対象としてきた支持政党や投票行動、あるいは年金などの社会保障問題や環境問題などに比べて、政策のあり方を考えるための情報がほとんど共有されていないように見受けられる。

そもそも私たちの調査データからは、教育領域に対する関心自体、それほど高くないことが読み取れる。図**5**-**1**は、「あなたは次のことがらについて、どの程度関心がありますか」という質問に対する項目別の回答状況を示したものである。「関心がある」と回答した者の比率だが、教育領域に関する三項目(子どもの学力低下、公立中高の信頼低下、大学進学機会格差)に対する関心は低く、中でも「大学への進学機会格差問題」への関心度合いは、八つの項目の中で最も低い。

さらにいえば、関心がもたれていないだけではない。筆者自身、これまで望ましい教育政策について議論する場に少なからず参加してきたが、教育をめぐる正確な情報が共有されていない悩ましさを痛感することが多かった。たとえば、義務教育の授業料や教科書が無償だということが知られていない。他方で、大学への進学にどれほどの費用がかかるのかも共有されていない。私立大学の学生納付金は、四年間で五〇〇万円ほど。しかし、教育にかかる費用については、加えて、もし大学に進学せずに高卒で働いていれば得られていたであろう年間約二五〇万円(四年間で一〇〇〇万円)の放棄所得も合わせて考える必要がある。また、知られていないのは、教育費のことだけではない。日本の大学進学率がいまだ五～六割台でとどまっていること、そしてこの進学率は諸外国に比べて低い水準であること――こうした基本的事実について、大学関係者からも「知らなかった」という

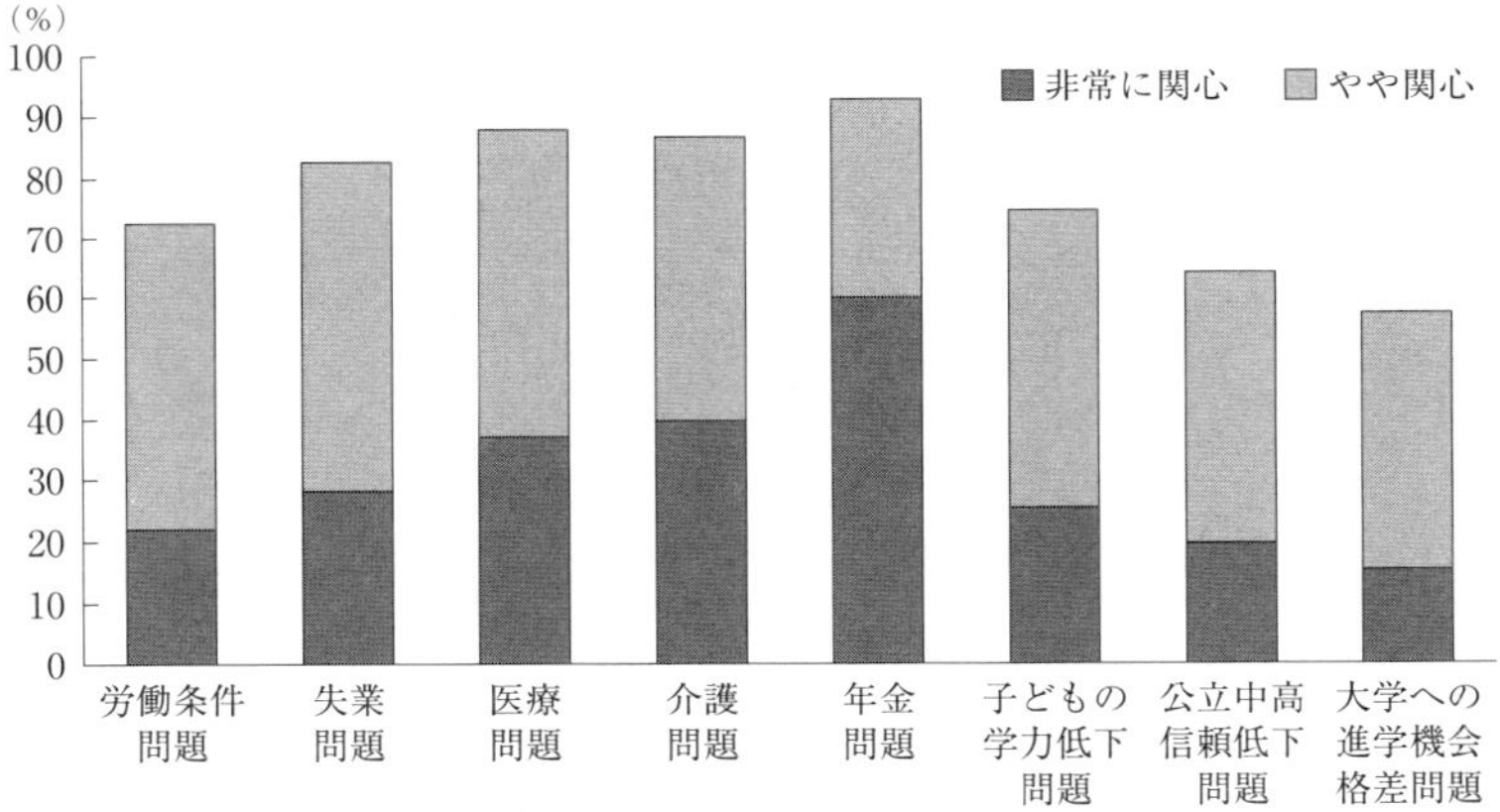

図 **5-1**　関心の程度(全国 WEB 調査)

声が上がることは少なくなかった。

すなわち、教育世論は、意見を決める際に知っておくべき情報が共有されないままに形成されている蓋然性が大きいということだ。大学進学機会をめぐる世論に関しても、「大学全入時代」や「大学生の資質低下」、「Fランク大学」といったインパクトあるキーワードのみを頼りに判断されている可能性がある。

さて、本章で取り上げたいのは、教育という領域で政策判断にかかわる情報が共有されたとき、世論はどのように変わるのか、という問いである。公費投入という判断の局面における劣位性に大きな特徴を見出せる教育領域だが、費用の必要性に関する情報をもっていないからそのような状況に陥っているのか。情報が提供されれば、世論は変わるのか、それとも劣位な状況は変わらないのか。この点にせまってみたいと思う。

方法論として本来あるべきは、世論形成過程研究として先に紹介した研究でも試みられている、参与観察による追跡調査や討論型世論調査であろう。ただ、これらを本格的に実施するとなれば、かなりのコスト（費用や時間）がかかり、加えて本章の検討は、私たちの調査の一部として行うという事情もある。そこでここでは、いまひとつの先行研究である平松貞実『世論調査で社会が読めるか――事例による社会調査入門』の中で紹介されていた「ミニ・マスコミ形式」（平松 一九九八）を参照した実験を試みることにしたい。

ミニ・マスコミ形式とは、平松が担当していた大学の学生によって行われた実験の方法のことである。提供する情報を異にする二種類のアンケートを作成し、それぞれの回答を比較しながら情報によって意見がどのように変わるのかをみる。具体的には、二〇〇二年に実施された日韓共同開催のサッカーワールドカップをテーマとして取り上げ、その影響の良い面を強調した情報を提供したうえで両国の今後の関係を予想させるA調査と、悪い面を強調した情報を提供したうえで関係を予想させるB調査を作成し、回答分布の比較を行うというものだった。今回はこの試みを応用し、資源配分のあり方を問う前に「教育への公的支出を増やす意味」についての情報を提供するものと、しないものの二種類の調査を作成した。そしてこの二種類の調査の回答を比較することで、情報提供の影響について考える。

いってみれば原始的な方法であり、紹介者の平松自身が指摘するように、単純な構造をよしとするアンケート調査として特異な手法とも言える。その点は否定できないが、調査の設計次第で、多面的な考察にまで議論を広げる第一歩にもなり得ると考えられる。本調査でも意識的に二点の仕掛けを施したので、少し詳しく説明したい。

二つの仕掛け

第一は、「教育への公的支出を増やすことの意味」に関する情報について、複数の観点からの説明を試み、どの観点からの説明に世論を動かす力があるのか、比較を行えるようにしたことである。

一口に公的支出を増やす意味といえども、その理由についてはいくつかの次元から言及することができる。たとえば、「効率性」。教育への公的支出を増やすことには、生産性の向上をもたらすなど、今現在でも効率性の観点から大きなメリットがある。あるいは、「公平性」。経済格差が問題視される中、進学機会の不平等も根強くみられるというのが現状である。この不平等を是正するために公的支出を増やすべきだという考え方もできよう。さらに、「効率性」や「公平性」のような合理的な基準ではなく、国際的な平均値と日本の状態との距離を指し示し、問題点を強調するというアプローチも考えられる。このようにいくつか提示し得る意味合いのどれが、回答分布に影響を及ぼすのか。そしてその結果から、日本社会のどのような特性を読み取ることができるのか。これまで吟味されたことがない興味深い問いであるように思われる。

第二は、これまで教育達成の階層格差を訴え続けてきた、私たち教育社会学者の試みを自省的に捉えるという意図を含めたことである。

あるべき教育施策を判断するにあたって重要となる情報が十分に共有されていないことは、先にも述べたとおりである。とはいえ、私たち教育領域を扱う研究者、とりわけ教育社会学を専門とする研究者たちが、その発信力に課題を抱えつつも、看過されがちな問題点を訴え続けてきたのも事実である。そしてその際に軸足を置いていたのは、教育社会学のルーツである社会学が重視している「公平性」や「平等」という観点だった。社会経済的地位の達成には、どのような学歴を獲得しているかが大きく関係している。そして、その学歴獲得の機会は、誰にも平等に開かれているわけではない。出身階層がどのような影響力を及ぼしているのか。こうした格差を打破するために必要な施策について、どのように考えればいいのか――さまざまな観点からこうした議論を試みてきた（苅谷 二〇〇一、矢野・濱中 二〇〇六、小林 二〇〇八、二〇〇九など）。しかしながら振り返れば、これらの取り組みにどれほどの意味があったのか、私たち自身十分に検討してこなかったのではないか。いわば「言いっ放し」で済ませてきたところがあり、本章ではこの視点からも、情報の影響について考えてみることにしたい。

2　世論を動かすのは、格差問題か、効率問題か

教育社会学者の失敗

『効率と公平を問う』の著者、小塩隆士による定義をここで援用すれば、効率性とは「限られた資源をいかに効率よく配分するか」という問題であるのに対し、公平性とは「社会で生まれた所得をいかに公平に分配するか」という問題である（小塩 二〇一二）。そして、社会科学者という立場をとる者であれば、いずれの価値をも尊重し、対立しがちなこれら二つの価値の間のどこに落としどころを見出すのか、苦悩している。

ただ、両者ともに大事だという理解があったとしても、そのいずれに重点を置いた主張を訴えるか。あるいは、どのような主張を訴える集団だという期待が向けられるか。その点は各学問のルーツと深く関係しているのもたしかだろう。

同じく小塩によれば、経済学者は、効率性と平等性の両方を追求しつつも、他の領域の研究者に効率性を追求する者が少ないがゆえに、経済学者の価値観＝効率性だとみなされている傾向があるという。そしてその裏返しということもできようが、（教育）社会学者は公平性や平等という基準に重きを置き、社会的弱者のための経済的支援、教育領域への公的支出増加を訴えてきた。

では、経済学者を中心に用いられることが多い「効率性のロジック」と、（教育）社会学者などが土台にしている「公平性のロジック」は、それぞれ世論の変容というものに対してどれほどの影響をもっているのだろうか。まず、後者の「公平性のロジック」から確認していきたい。

図5-2は、公平性という観点からの公的支出増加という主張にどれほどのインパクトがあるのかを確かめるために行った実験の内容と結果である。情報として一方の調査に入れたのは、世帯所得と高校卒業時の進路選択との関係をみたグラフであり、高所得層ほど大学進学に有利だという様相を示した。そのうえで現在の奨学金は貸与型（ローン）というかたちをとっているが、現状のままでいいか、それとも給付型奨学金というかたちに変更すべきか、意見を尋ねた。実験を試みたのは、東京調査と全国WEB調査の二つである。

調査当初、自分たちのこれまでの主張の意義を信じたいという期待も大きく働き、「情報が提供されたグループでは、給付型の導入を支持するようになる」と予想していた。しかしながら結果は

◆提供情報

現在の日本には，世帯所得による子どもの進路格差が存在しています．高校3年生とその保護者を対象にしたある調査の結果によれば，その格差は下図のようになります．

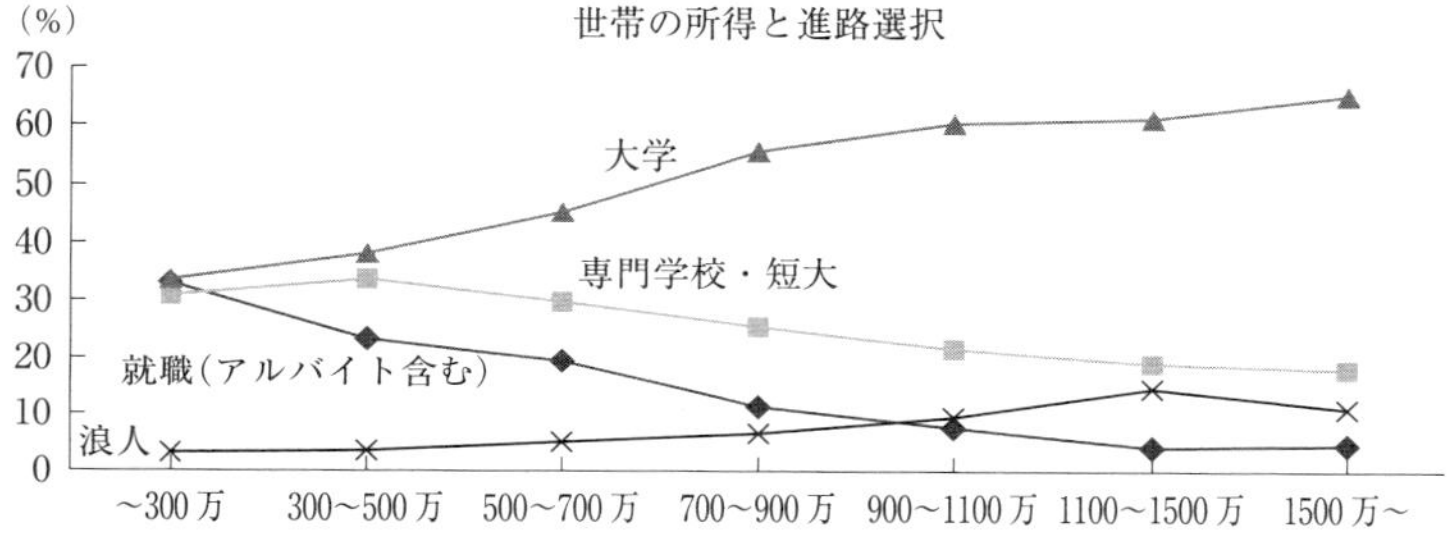

◆質問

大学教育にかかる費用をめぐっては，奨学金についても考える必要があります．現在，大学進学にかかる教育費用に関して，政府が用意している経済的支援は，「貸与型奨学金(ローン型奨学金)」が中心となっています．この政府の経済的支援について，あなたはどちらに近い意見を持っていますか(1つに○)．

A	Aに近い	ややAに近い	ややBに近い	Bに近い	B
現在のように，貸与型(ローン型)の奨学金中心で支援すればよい	1	2	3	4	税金をさらに使っても，返済義務のない奨学金や，授業料免除・減額といった方法を積極的に取り入れていくべきだ

◆結果

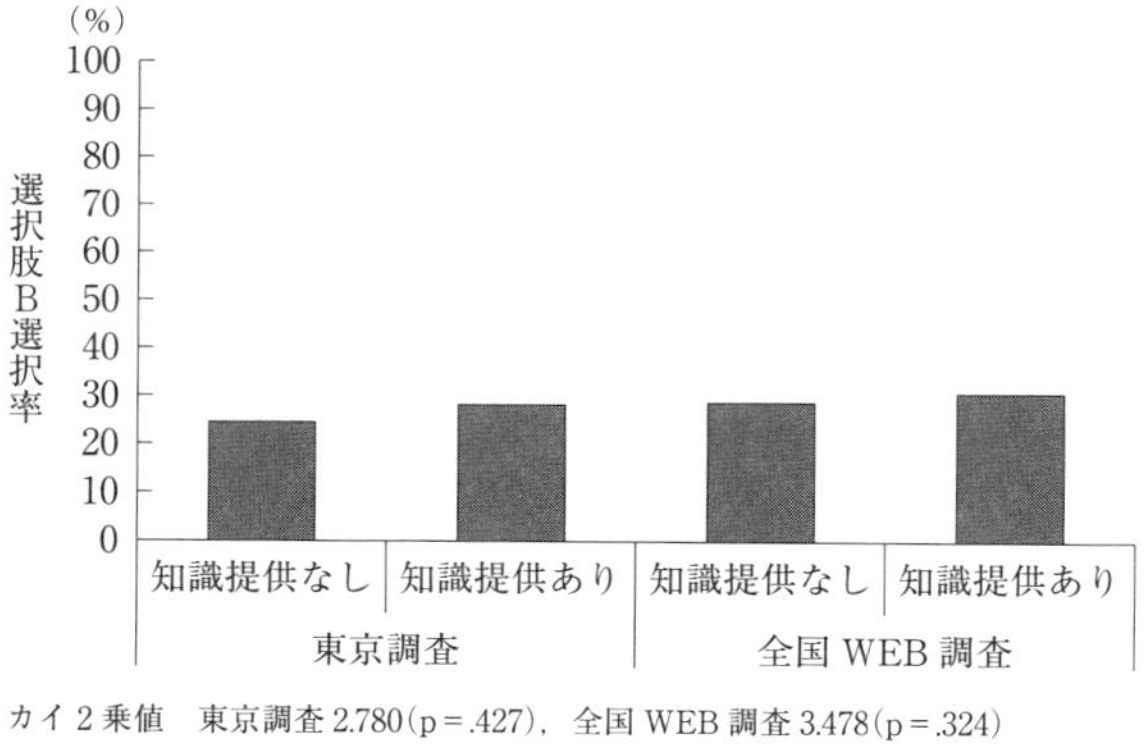

カイ2乗値　東京調査 2.780(p＝.427)，全国WEB調査 3.478(p＝.324)

図5-2　格差問題の情報提供とその効果(東京調査・全国WEB調査)

見事に裏切られ、図の下部分に示したように、情報提供の有無によって回答になんら違いは見受けられなかった。統計的有意差は認められず、格差の実態を目の当たりにしたあとであろうが、なかろうが、七〜八割の者が貸与型中心でいいと答え、逆に給付型に変更すべきと答えたのは、わずか二〜三割だった。

効率性という基準の強さ

では、効率性（限られた資源をいかに効率よく配分するか）の観点から公的支出のありようを考えさせる情報が提供された場合、回答はどうなるのだろうか。調査では二つの説明を用意した。

ひとつは、貯蓄率に関するもので、子どもがいる家庭が経済的に厳しくなるのは、むしろ長子が大学生になったときだという情報である。この情報の提供により、子どもがいる家庭への経済的支援を提供する時期についての考え方がどう変わるか、具体的には、調査当時に政権与党であった民主党が打ち出していた「子ども手当」に対する意見がどう変わるのかを探った。

そしていまひとつは、教育効果の外部性に関する情報である。大学進学率の上昇とそれに伴う大学の大衆化によって、昨今、大学に進学する意味は小さくなったと思われているきらいがある。有名大学に進学するならまだしも、そうではない大学に進学する意味がどれほどあるのか。しかしながらデータをみる限り、大学進学の経済的効果は現在でも十分に大きく（濱中 二〇一三）、何よりその効果には、大学に進学した本人のみならず、社会的にもあらわれるという側面がある。データを用いて推計しても、高卒者が大卒者になることで、その人が生涯に支払う所得税は一五〇〇万円上

◆提供情報

「子ども手当」については，その対象年齢やその意味についても様々な意見がみられます．たとえば，下のグラフからもわかるように，家計が本当に苦しくなるのは子どもが大学に進学したときという事実もあり，本当に中卒までの子どもに配布することが妥当なのかといった反論もあります．

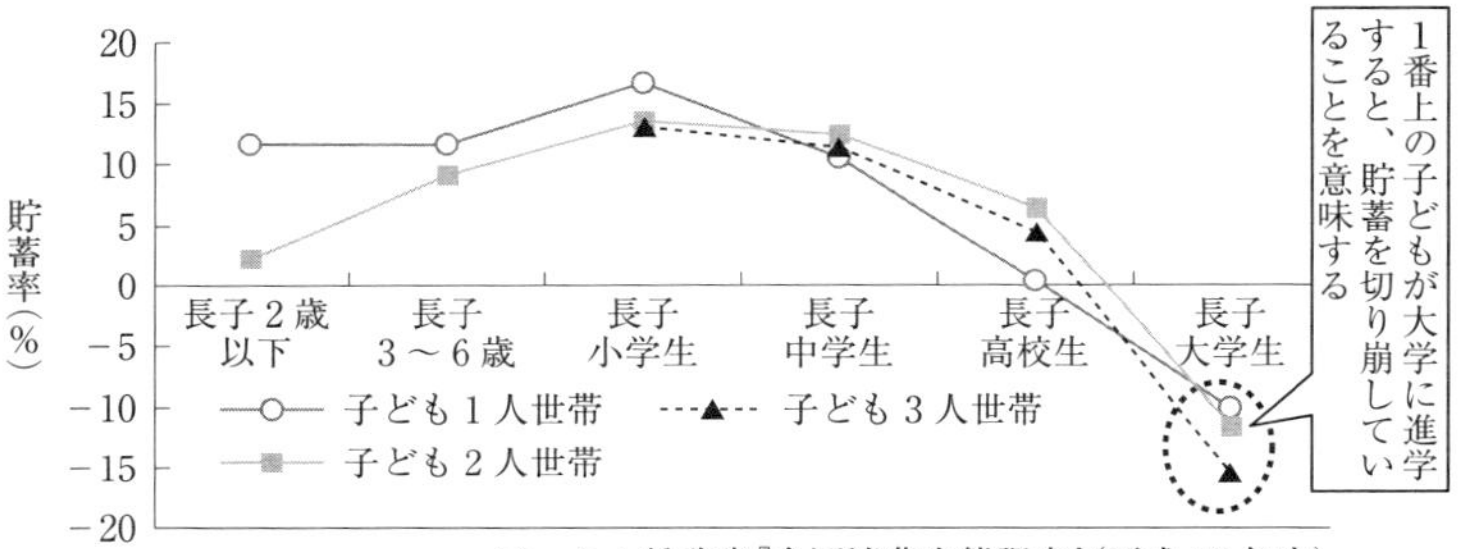

データ：総務省『全国消費実態調査』(平成16年度)

◆質問

「子ども手当」について，あなたの意見は，次の3つのどれに近いですか（1つに○）．

1) 経済的支援は，「子ども手当」の目的どおり，中学卒業までの子どもに行うのが妥当だ
2) 経済的支援は，むしろ大学授業料の無償化など，高校卒業後の教育についてなされるべきだ
3) そもそも子どもに対する経済的支援は必要ない(他の領域に税金を投入すべきだ)

◆結果

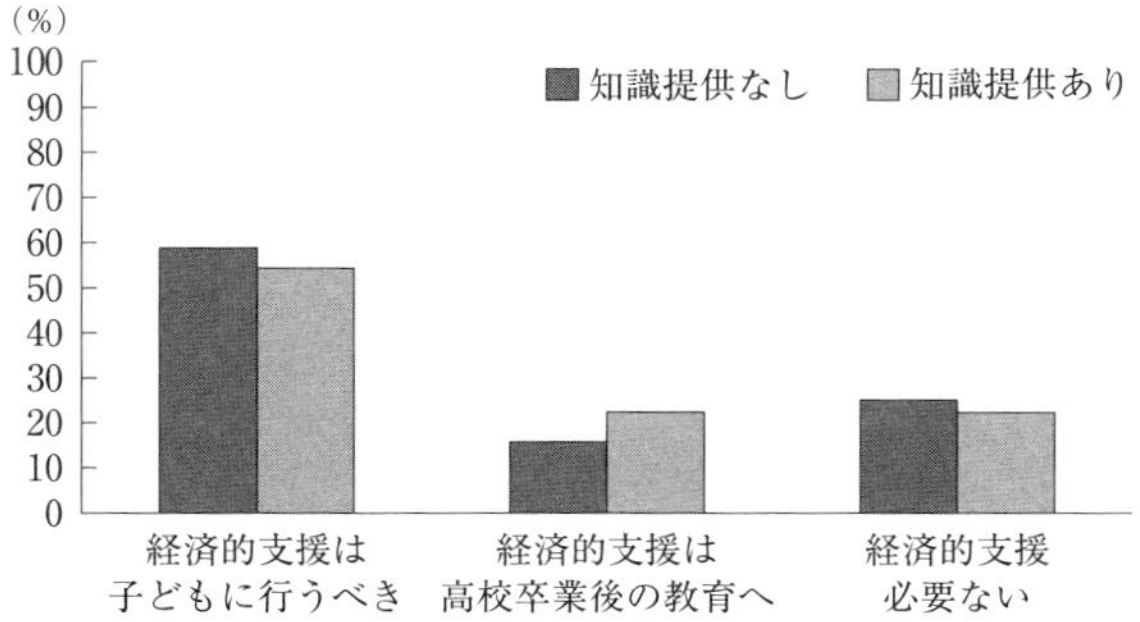

カイ2乗値　17.359（p＝.000）

図 **5-3**　貯蓄率の情報提供とその効果（富山調査）

◆提供情報
大学に進学することは，その進学した本人の所得の向上ももたらしますが，それに伴う「所得税の増加」も生じます．つまり，大卒者が一人増えるたびに税収も増え，推計によれば，高卒者が大卒者になることによって，その人が生涯に支払う税金は，約1,500万円増加します．

◆質問
大学教育にかかる費用について，あなたの意見はどちらに近いですか（1つに○）．

A	Aに近い	ややAに近い	ややBに近い	Bに近い	B
大学教育にかかる費用は，「社会が」負担するべきだ	1	2	3	4	大学教育にかかる費用は，「教育を受ける個人（もしくはその家族）が」負担するべきだ

◆結果

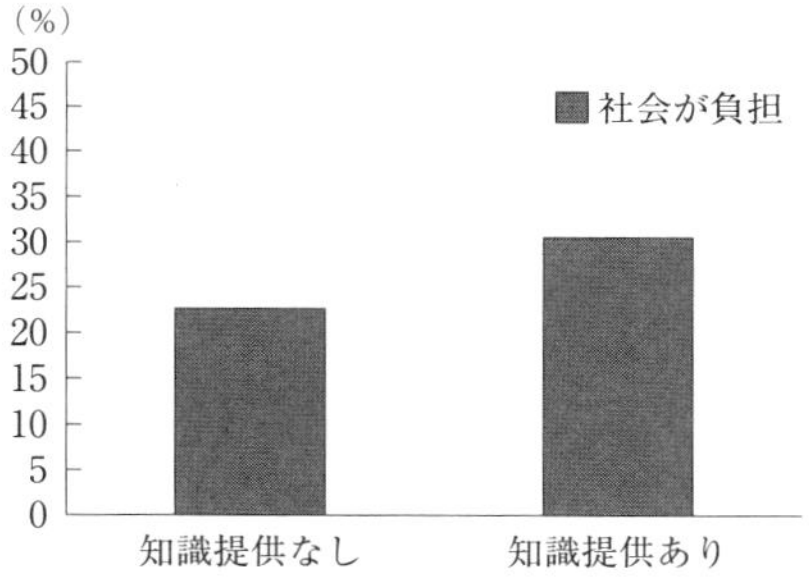

カイ2乗値　44.341（p＝.000）

図5-4　教育効果の外部性の情報提供とその効果（全国WEB調査）

昇する(1)。大学進学環境を整備することは、納められる税金の上昇という意味合いで社会的にみて効率的だといえ、この情報の提供によって費用負担をめぐる意見の分布がどう変わるのか、確かめたいと考えた。

そして、これら二つの実験結果は、図5-3と図5-4に示したとおりになる。ここからは、情報が提供された層のほうが「経済的支援は大学進学時に」と判断するようになり、「大学進学にかかる費用は、その教育を受ける個人や家族ではなく、社会が負担するべきだ」と考える傾向が強くなることが読み取れよう。そして情報の有無による差は、統計的にも有意なものとなっている。

本書第3章でみたように、大学進学にかかる費用を公的に賄うことに対して否定的な見方をする者は多い。しかしながら、効率性という観点からその意味について説明すれば、説得される者もいる。格差(公平性)をめぐる情報(図**5-2**)とは異なる効果をここにみることができる。

3　教育への公的支出の容認に結びつく二つの情報

他方で、調査のデータからは、効率性に関する情報以外にも、意見の分布に影響を及ぼす情報を二つ確認することができた。

国際的劣位性問題

ひとつは、日本の教育領域に対する公的負担の状況が、国際的にみて低水準であることを示す情報である。

日本における教育費の公的負担は、国際的にみてかなり低いほうである。たとえば、「公的支出の中に占める公的教育費の割合」や「GDPに占める同割合」は、OECD諸国の中でみて最低のグループに入る(第3章参照)。しばしばマスコミなどでも取り上げられている論点ではあるが、では、改めてこの国際的劣位性に関する情報を提示することは、人びとの意識になんらかの影響を与

◆提供情報
日本における3歳児以上就学前教育への税金投入は他の国と比べて少なく，私費負担が半分以上を占めています．

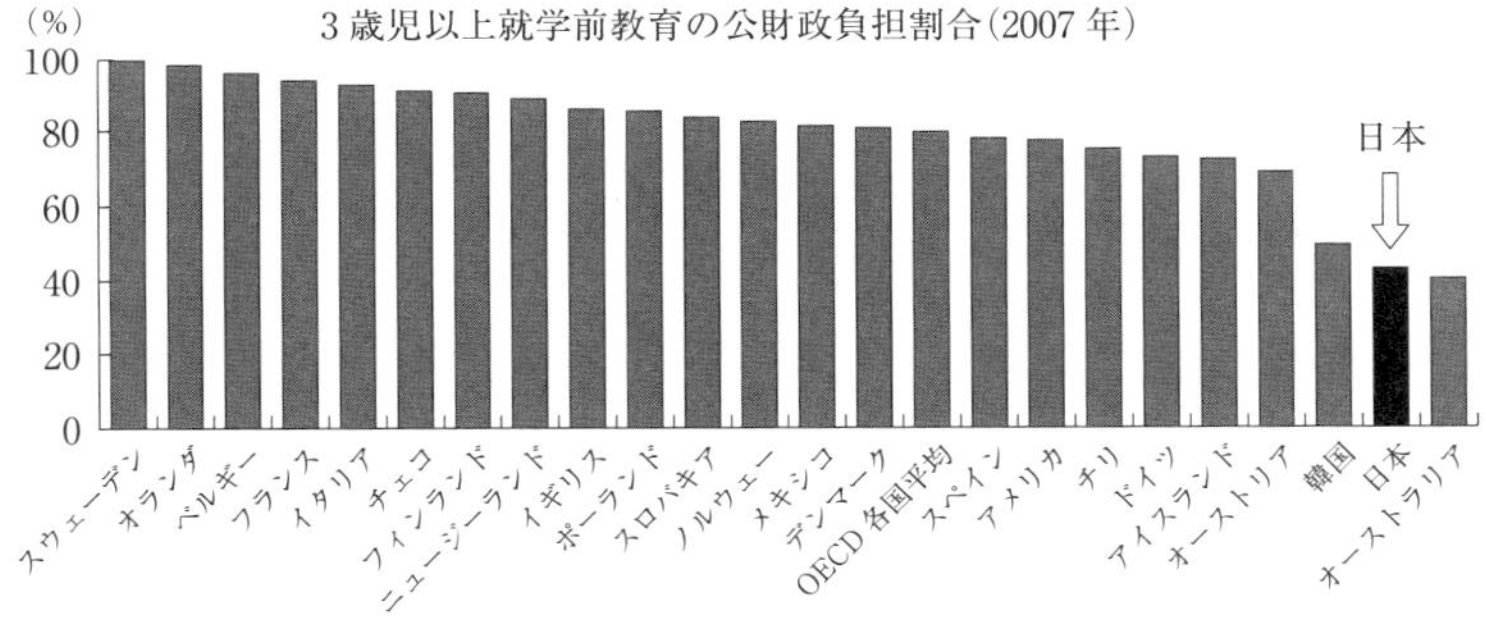

出所：OECD “Education at a Glance 2010”　注：チリの調査年は2008年

◆質問
子育てにかかる費用の負担について，あなたの意見はどちらに近いですか(1つに○)．

A	Aに近い	ややAに近い	ややBに近い	Bに近い	B
子育てにかかる費用は，「社会が」負担するべきだ	1	2	3	4	子育てにかかる費用は，「家庭が」負担するべきだ

◆結果

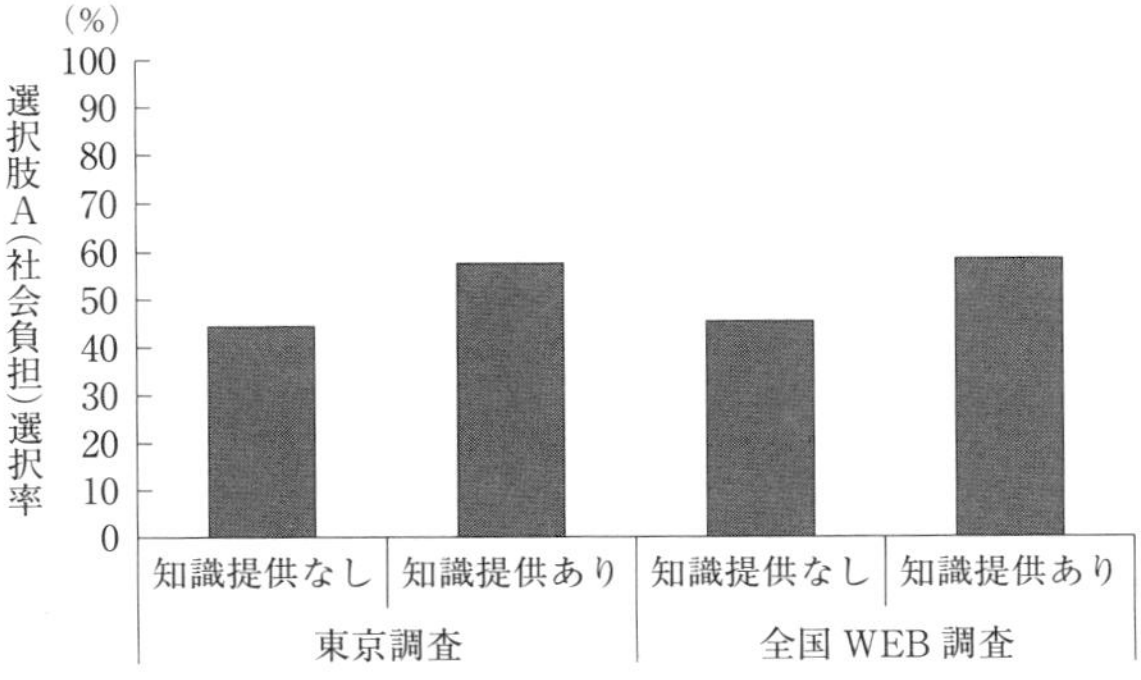

カイ2乗値　東京調査36.005(p＝.000)，全国WEB調査80.145(p＝.000)

図5-5　子育て費用国際比較の情報提供とその効果(東京調査・全国WEB調査)

えるのか。この点を確認した試みについて示したものが、図5-5である。

同じ教育費の中でも、ここで提供したのは大学進学をめぐるものではなく、「三歳児以上就学前教育への公的資金投入の水準がかなり低い」ということを意味する情報である。他の国々の公財政負担割合は軒並み六割を超える中、日本はむしろ私費負担の方が高く、大きく水をあけられている状況にある。選択肢として用意したのは、子育てにかかる費用は「社会が」負担すべきか、「家庭が」負担すべきか、というもの。結果として抽出されたのは、情報が提供されないままに回答を求められた層で「社会が」負担すべきだとしたのは、東京調査と全国WEB調査ともに四割台半ば、他方で情報が提供されると、その比率は六割弱にまで上昇するというものだった。かりに多数決という方法を取ったとすれば、結果は逆転するという変化である。

日本人らしさを語るとき、その特性のひとつに「横並び主義」が挙げられることは少なくない。「なんとなく他と同じだと安心する」「他と同じぐらいがちょうどいいのではないか」——こうした発想が、行動の重要な動機になるというものだ。以上の結果は、こうした指摘と共振するものだということができるだろう。世論を動かすためには、差をつけられたくないという日本人の心理に訴えかけることも、有効な方法だといえそうである。

負担の手軽さ

いまひとつ、意見の分布を変える情報として確認されたのは、教育費を社会全体で負担する際の具体的な数値である。

今現在の大学の規模と授業料を前提にして算出すると、日本の大学のすべてはおよそ三兆円あれば、無償にすることができる。(2) そしてその額は、消費税でいえば、およそ一・〇〜一・三%。換言すれば、プラス一・〇%の消費税で大学は無償化することができ、そうでなかったとしても、プラス〇・五%の消費税で、およそ一〇〇万円かかる私立大学の授業料を、五〇万円台である国立大学並みの授業料にすることができる。調査では、実施した三つの調査のすべてで、二種類の片方にこの情報を入れ込み、「政府が消費税方式によって「大学授業料の減額・無償化」を決定した状況を想定」「プラス何%までの消費税なら「支払ってもいい」と思うか」、具体的な数値で答えてもらった。また、それでもやはり「税金で負担する問題ではない」と考える場合は「〇%」と記入してもらっている。

ここで調査当時を振り返れば、消費税の税率はまだ五%であり、民主党政権によって、一〇%までの引き上げが議論されているところだった。さらに全国WEB調査を実施したのは、東日本大震災から半年ほど経った頃であり、「絆」や「助け合い」といったキーワードが強く意識されていたときでもある。だからこそというところもあるのかもしれない、何より情報提供の有無にかかわらず、全般的に消費税を増税してよいという者の数は予想以上に多かった。結果は、図**5**-**6**に示したとおりである。おおよそ四〜五割が消費税増税容認という状況だが、やはり情報が提供されたグループのほうが、より容認するという傾向も見出された。回答を増税容認か否かという基準で整理すれば、富山調査では六・六ポイント、東京調査では一二・三ポイント、全国WEB調査では一三・九ポイントの差が認められる。

◆提供情報
試算によると,「プラス1%」の消費税で，大学の授業料は全員無料に,「プラス0.5%」の消費税で大学の授業料は全員半額＝私立大学の授業料が国立大学並みになります.

◆質問
仮に政府が，消費税方式によって「大学授業料の減額・無償化」を決定した状況を想定してください．現在の消費税は5%ですが，それにプラス何%までの消費税なら「支払ってもいい」と思いますか．具体的な%をお答えください.
※税金で負担すべき問題ではなく，消費税増加を認めることができないという場合は,「0%」とご記入ください.

◆結果

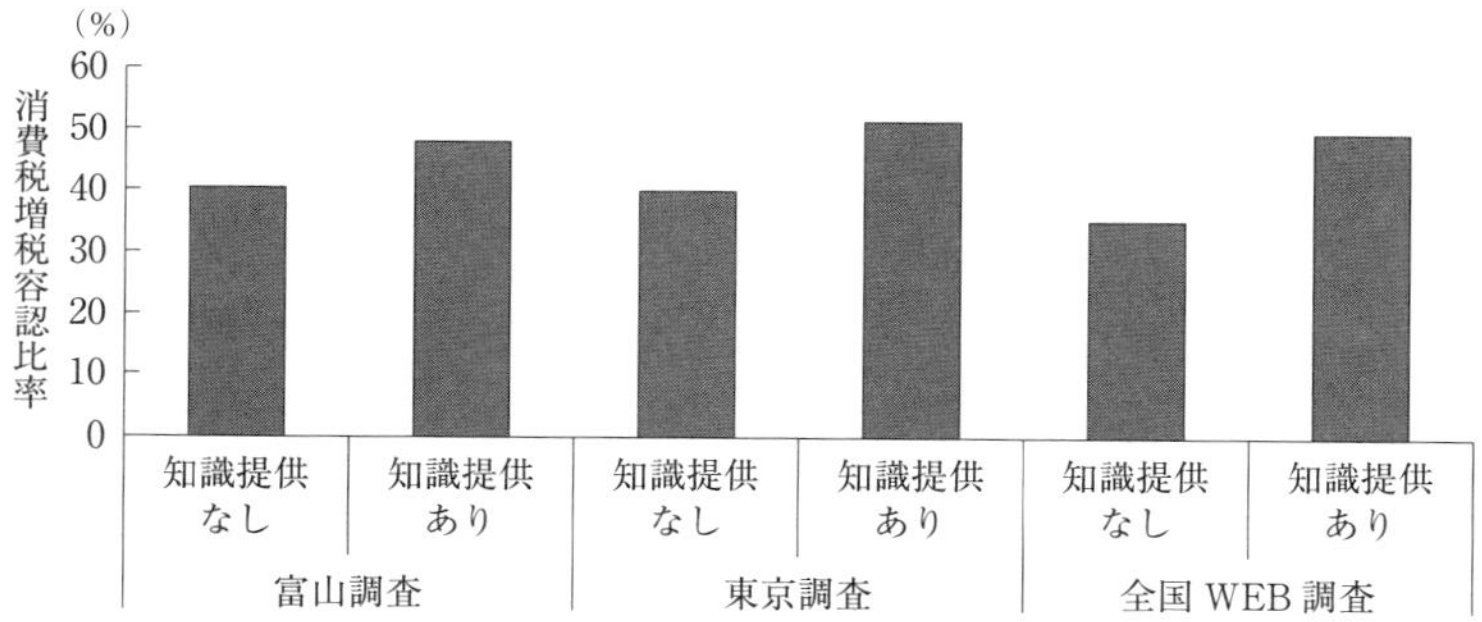

カイ2乗値　富山調査 8.752(p＝.000)，東京調査 26.341(p＝.000)，全国WEB調査 92.784(p＝.000)

図**5-6**　消費税効果の情報提供とその効果(富山調査・東京調査・全国WEB調査)

大学進学にかかる費用は、各家庭にとってみれば、膨大な金額となる。図**5-3**の提供情報として示したように、大学進学は、まさに貯蓄率をマイナスにしてまでのイベントである。ただ、このように家庭単位にすればかなりの負担ではあるが、これを消費税による支え合いにすれば、議論されている「五↓一〇%」への上昇どころか、わずかプラス一・〇%や〇・五%ほどの負担で済む。この比率が「意外と小さい」と判断されたのだろうか、先の国際的劣位性同様、具体的な負担の程度に関する情報にも、意見のありように影響を及ぼす力があることがうかがえた。

4　可能性の中の危惧

以上、情報提供の影響について、いくつかの観点からの検討を加えてきた。三つの調査いずれかでの検証という場合が多く、方法も分析に用いた回答数も試みの域を超えていないが、興味深い傾向もみえてきたように思う。

何より、教育世論も動かないわけではない、という点はひとつの発見であろう。教育への公的支出を増やすことは、効率性の観点からしてもメリットがある。そして国際的水準からみて日本は劣っている状況にあり、あるいは少しの負担でそれなりの効果が期待できる様相を知ることで、公的負担を肯定的に捉える者たちがあらわれてくる。ただ他方で、影響がみられなかった情報があったことも忘れてはならないだろう。進学格差をめぐる情報である。公平性や不平等に基づいた訴えで人びとの意見を変えるのは難しいようだ。

先に援用した小塩(二〇一二)の議論をここで再度取り上げれば、効率性と公平性には、次のような違いがあるという。すなわち、「効率性の議論は、理屈だけの世界だと考えてよい。(中略)その議論は理論的であり、エレガントである。そのエレガントさは経済学が持っている大きな学問的魅力だろう」「これに対して公平性の議論には、人間臭いところがある。人々の価値判断が入り込む。理論モデルによる議論も可能だが、どこか人々の感性に訴えかけるところがある。「冷静な頭脳」

だけでなく、「温かい心情」がかかわってくる」。

言い換えれば、日本人は「温かい心情」の文脈では動かないということである。冷静かつエレガントな説得では意見を変える。国際的動向や手軽な負担率を知ることで意見を変える者もいる。しかしながら一方で、困っている他人のための施策に関しては必要だと判断されにくい。本当にそれでいいのか、という疑問を呈したくなる状況でもあるが、それだけ「当事者性」(第4章)、あるいは本人の努力こそが重要だと判断する「努力第一主義」が根強いというのが日本の現状なのだろう。そして、このような結果を目の前にすれば、公教育費の拡充をはじめとする施策の必要性を訴える教育社会学者の声が世論に響かなかったことにも合点がいく。

世論にうねりを起こす――この点に関していえば、政治哲学の領域などで展開されている民主主義の研究においても、すでに多くのヒントが提示されている。その主張はさまざまだが、ひとつ興味深いものに、「理性」や「理念」に訴えるのではなく、「情念」や「習慣」に着目することこそが大事だという論点がある。古くはすでにルソーがそのように主張し(ベルナルディ 二〇一四)、国内でも最近では宇野が民主主義のありようを考える重要なキーワードのひとつに「習慣」を据えている(宇野 二〇一三)。だとすれば、何をどのように言うことが、習慣にどのような影響を及ぼすのか。「当事者性」や「努力第一主義」に則って考える習慣に訴えるためには、どのような戦略が効果的か。真に世論を動かそうとするのであれば、このような視点をもつことも必要になってくるのかもしれない。

ただ、そのように議論を発展させる前に、情報の影響についてさらに多面的に検討しておく必要があろう。とりわけ、情報の影響がより大きくあらわれる層や条件を抽出するという「交互作用」の要素も含めた分析は、現状の理解を深めるためにも重要だ。そもそも、冒頭で紹介した世論形成過程の研究も、こうした「層による影響の違い」というものに注目することで大きく発展してきた領域である。教育への公的支出をめぐる情報についても、その効果のありようは複雑であるかもしれず、検討する意義は大いにあるだろう。続く第6章では、これらの点について議論している。併せて参照されたい。

注

（１）この情報については、平成二一年の「賃金構造基本統計調査」を用いて算出している。

（２）文部科学省のデータ（平成二五年データ、短大については平成二四年データ）によれば、授業料納付金は、国立大学が三三〇〇億円、公立大学が八六〇億円、私立大学が二兆五五〇〇億円、短期大学一五〇〇億円であり、合計約三兆一〇〇〇億円程度となっている。

参考文献

岩本裕 二〇一五、『世論調査とは何だろうか』岩波新書。
宇野重規 二〇一三、『民主主義のつくり方』筑摩選書。
岡田直之・佐藤卓己・西平重喜・宮武実知子 二〇〇七、『輿論研究と世論調査』新曜社、一八九―二一七頁。
小塩隆士 二〇一二、『効率と公平を問う』日本評論社。
蒲島郁夫・竹下俊郎・芹川洋一 二〇一〇、『メディアと政治（改訂版）』有斐閣アルマ。
苅谷剛彦 二〇〇一、『階層化日本と教育危機――不平等再生産から意欲格差社会へ』有信堂高文社。

小林雅之 二〇〇八、『進学格差──深刻化する教育費負担』ちくま新書。
小林雅之 二〇〇九、『大学進学の機会──均等化政策の検証』東京大学出版会。
曽根泰教・柳瀬昇・上木原弘修・島田圭介 二〇一三、『「学ぶ、考える、話しあう」討論型世論調査──議論の新しい仕組み Deliberative Poll』ソトコト新書。
E・ノエル゠ノイマン、池田謙一・安野智子訳 一九九七、『沈黙の螺旋理論──世論形成過程の社会心理学〔改訂版〕』ブレーン出版(原著第二版一九九三)。
濱中淳子 二〇一三、『検証・学歴の効用』勁草書房。
平松貞実 一九九八、『世論調査で社会が読めるか──事例による社会調査入門』新曜社。
藤村正司 二〇〇九、「大学進学における所得格差と高等教育政策の可能性」『教育社会学研究』第八五集、二七─四八頁。
ブリュノ・ベルナルディ、三浦信孝編、永見文雄・川出良枝・古城毅・王寺賢太訳 二〇一四、『ジャン゠ジャック・ルソーの政治哲学──一般意志・人民主権・共和国 La philosophie politique de Jean-Jacques Rousseau』勁草書房。
M・E・マコームズ、D・L・ショー、谷藤悦史訳 二〇〇二、「マス・メディアの議題設定の機能」谷藤悦史・大石裕編訳『リーディングス政治コミュニケーション』一藝社、一一一─一二三頁(原著一九七二)。
矢野眞和・濱中淳子 二〇〇六、「なぜ、大学に進学しないのか──顕在的需要と潜在的需要の決定要因」『教育社会学研究』第七九集、八五─一〇二頁。
ポール・F・ラザースフェルド、バーナド・ベレルソン、ヘーゼル・ゴーデット、有吉広介監訳 一九八七、『ピープルズ・チョイス──アメリカ人と大統領選挙』芦書房(原著一九四四)。
W・リップマン、掛川トミ子訳 一九八七、『世論』上・下、岩波文庫(原著一九二二)。

III

世論と政策を取り結ぶ

第6章 「大学教育の社会的利益」に反応するのは誰か
——情報提示による変化の内実

小川和孝

1 個人への利益・社会への利益

本章は、「大学教育における利益と費用の関連についての人々の捉え方」、および「大学教育の社会的な利益が認知されることによる、税金による費用負担への支持の変化」を明らかにすることを目的としている。

しばしば指摘される通り、日本の大学教育における公費負担の割合は非常に低い。ＯＥＣＤが公表している *Education at a Glance* によれば、二〇一三年における高等教育の公費負担の水準において、日本は韓国に次いで、データが存在する中ではＯＥＣＤ加盟国中、二番目の低さとなっている(OECD 2016)。また、大学教育における公費負担の低さや公的奨学金制度が存在しないことにより、家庭の収入による大学進学機会の格差を招いているという指摘もある(矢野・濱中 二〇〇六、小林 二〇〇七)。

このような状況に対して、大学教育への公的支出を増やすべきだという主張がしばしばなされる。

それによって、個人・家族における授業料や入学金の負担を減らそうというものである。しかし、そのような主張はこれまで高等教育政策についての議論の俎上に十分に上がってきたとは言いがたい。そこで、次のような疑問が生ずる。そもそも、そのような政策を多くの人々は望んでいないのではないかというものである。人々が重視していない政策であれば政治家が取り上げるメリットは小さく、実現する見込みも小さくなる。

これまで、教育の公的支出に対する人々の支持が研究対象として注目されることは多くなく、とりわけ大学教育においてはその傾向が強かった。その理由の一つとしては、利用可能なデータが十分に存在しなかったことが挙げられる。しかし私たちの調査では、既存研究の空隙に取り組むことが可能になっている。

とくに本章では、次のような点を重視する。第一に、大学教育にかかる費用に関して、人々がどのようなあり方が望ましいと思っているかを説明するうえで、「個人における利益」と「社会全体における利益」に注目する。大学教育を受けることは、個人が将来より高い収入を得る確率を高める。このように、大学教育は個人に利益をもたらすものなので、あくまでその負担は税金によってではなく、教育を受ける個人、または家族が自ら行えばよいという考え方は、どれほど広まっているのだろうか。

第二に、教育を受けることによる利益は個人だけに留まるものではなく、社会的な利益が存在することに注目する。利益が受けた個人のみに留まるのであれば、教育を受けない個人は税金によって負担が増えるだけになる。しかしながら、人々が教育を受けることは、同時に社会にとってもさまざまな利益をもたらしうる。すなわち、個人に対する利益のみが強く意識されている状況と、社会的な利益が意識されている状況とでは、費用の社会負担への支持率も異なることが予想される。本章では、大学教育に社会的な利益が存在することを調査対象者の半数にランダムに示すという擬似実験的アプローチにより、税金を増やしてでも大学教育への支出を増やすべきだという方向へ、人々の考えが変わりうるかどうかを検証する。

こうした個人における利益と社会における利益の区別は、次節で詳しく説明するように、効率性と平等性が対立するものではなく、同時に改善可能な状態がありうることを意味しており、政策上もきわめて重要となる。本章ではまた、大学教育の社会的利益についての情報の効果を、人々のもつ社会的背景や属性によって区別することで、「世論がどのような人々において揺らぎやすいものであるか」についても、新たな知見をくわえる。

2　社会的利益をめぐる情報の不確実性問題

日本の大学教育の公的支出の低さは家族主義的な特徴によって支えられていると、しばしば指摘されてきた。すなわち、家族は子どもの教育費を無理してでも負担すべきという考え方である(小林 二〇〇八)。これは少なからぬ程度において事実であろうが、それだけであろうか。たとえば、家族が福祉を担うべきという考え方が強いとされるイタリア・スペインなど(Esping-Andersen 1999／二〇〇〇)においては、日本ほど高等教育費の私費負担割合は高くないことが、上述したOECD

の *Education at a Glance* では示されている。

そこで本章では家族主義的な要因ではなく、教育が誰に利益をもたらしているのかという、人々の認知に注目したい。すなわち、「大学教育には社会的利益があるということが認識されていないので、大学教育にかかる費用の社会的な負担は不人気な政策である」という仮説を検証する。

アンドレスとハイエンは、どのような社会政策を人々が望ましいと思うかに関する要因を挙げている（Andreß and Heien 2001）。それらは、①その社会政策が自らにもたらす利益[1]と、②一国全体の富がどのように分配されるべきかという公正性に関する規範である。本章で扱う大学教育の費用についての人々の意識も、この両者にかかわるものであると考えられる。すなわち、もしある社会政策が個人にしか利益をもたらさず、かつ公正性の観点からも政府による支援が必要でないと思われている場合には、その費用負担は個人または家族で行うのが望ましいとされるだろう。

しかし、実際には社会政策がもたらす影響は個人に対するもののみを考えるのでは十分ではなく、社会における次元を考えなければならない。これはより一般的には、「外部性」の問題として位置づけることができる。外部性とは、個人における利益と社会における利益の間に差異が存在する状態であると定義される。もし個人が得る利益よりも、社会が得る利益の方が上回っていれば、そこには正の外部性が存在する。その逆であれば、負の外部性である。負の外部性についての古典的な事例が、環境汚染である。個々人が私的な利益を追求するときに、共有資源が浪費され、社会的な費用が上回る。これを解決するために、アーサー・ピグーは環境税という政府の介入が有効となることを提案した。反対に、正の外部性が存在する場合には政府による援助が正当化される。

教育の外部性についての実証研究としては、矢野（二〇一五）などが存在する。すなわち、教育を受けることによって、個人の将来的な収入が上昇するだけではなく、その個人からの税収として政府の収入も上昇する。さらには大学進学者が増えることによる失業者の減少、税収の増加、大学非進学者の賃金へのスピルオーバー効果（たとえば、大卒者の知識や技能が高卒者にも共有されること）なども存在しうる（Psacharopoulos and Patrinos 2004; Moretti 2004）。もしこれらの要因によって、個人が受ける利益よりも、社会全体としての利益がより大きいのであれば、税によって大学教育への財政支出を行うことは効率的になりうるのである。

しかし、矢野などの研究が外部性の存在を示してきたにもかかわらず、日本における大学教育への公的支出は非常に低い状態が続いてきた。なぜ社会的により効率的な状態がありうるにもかかわらず、それが実現しないのであろうか。もし、オーソドックスな合理性を仮定するならば、社会的により効率的な状態がいずれは実現しそうなものである。

しかし、ダールマンは外部性が存在し、パレート改善（すべての人々における利益の増加）が可能な状況においてもそれが実現しないことについて、情報の不確実性の観点から説明が可能であると述べている（Dahlman 1979）。人々はある行為に伴う利益や費用についての情報を、完全に有しているわけではない。それゆえ、「誤った」信念に基づいて、より非効率な状態が社会的な均衡となってしまう可能性があるというのである。

大学教育の費用負担に関していえば、教育には社会的な利益がないと人々が信じることによって、結果的に低い政府支出が帰結してしまうことを意味する。実際のところ、大学教育の効果は、すぐには目に見えにくいものである。とくに社会的な利益となると、税金を通じて波及するものであるため、なおさら情報の不確実性は大きいことが予想される。それゆえ人々は、大学教育の社会的利益を過小に見積もりやすいのではないだろうか。

しかし、もしこのような情報の不確実性が解消されるならば、人々は社会的に効率的な状態をより望む可能性が考えられる。それゆえ、外部性と情報の不確実性について注目し、人々が何を望ましいと考えているかを明らかにすることには意味があるだろう。そのため本章では外部性、すなわち社会的な利益に関する情報を、人々に提示することの効果を測定する。

以上をまとめると、本章で分析される問いは以下の二点である。第一に、大学教育にかかる費用に関して、個人・または家族による負担が望ましいとされるのは、その利益が個人に帰属すると認識されていることに影響されているのではないかというものである。第二に、大学教育にかかる費用の社会的な負担は、社会に対する利益があると示されることによって、支持されやすくなるかどうかというものである。

3　情報提示の効果はどれほどか

（1）大学教育費をめぐる理解の現状

第3章では異なる政策領域について、「さらに多くの税金が課せられることになったとしても、積極的に進める必要があると思うか」という問いの結果を見た。そこでは、「大学進学機会の確保」

教育費負担をめぐる次の意見について，あなたの意見はどちらに近いですか

A：大学による人材育成は社会の発展にもつながることなのだから，その教育費は社会が負担するのが妥当だ
B：大学教育で「トク」をするのは，教育を受けたそのひと自身なのだから，教育費はその個人もしくは家族で負担するのが妥当だ

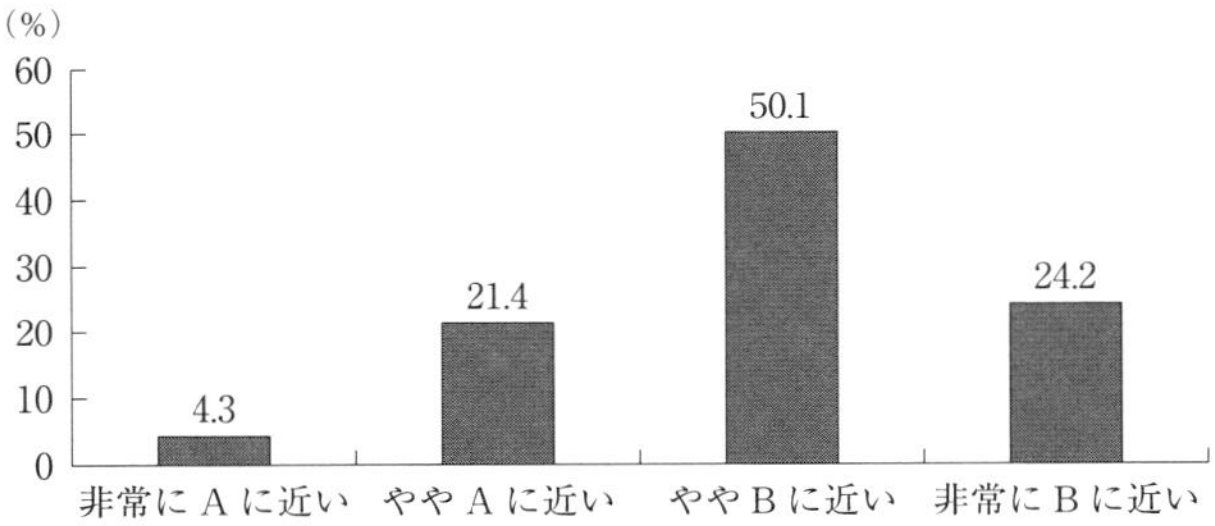

注：N＝1101

図**6-1**　大学教育費は個人／社会のどちらが負担するのが望ましいか(富山調査)

は、「税金が増えてもいいから、積極的に進めるべきだ」と答えている人々の割合が非常に小さかった。

こうした税金を投入することへの忌避感は、大学教育の利益は個人にしかもたらされないと、人々が考えていることによるためではないかという問いを検証する。図**6-1**は、「大学教育は社会に利益があるので、教育費は社会が負担すべき」という意見と、「個人に利益があるので、個人・家族が負担すべき」という意見のどちらにより賛同するかを尋ねたものである。

結果は、個人・家族による負担が妥当と考えている割合は、「非常に」と「やや」を合わせると、およそ七五%に達する。すなわち、大半の人々は「大学教育は個人に利益があるため、教育費は個人・家族が負担すべき」と考えている。

次に図**6-2**は、「大学教育の効果について、教育を受けた個人が受ける利益に比べれば、社会に

大学教育の効果について，教育を受けた個人が受ける利益に比べれば，社会にもたらされる効果はたいしたことがない

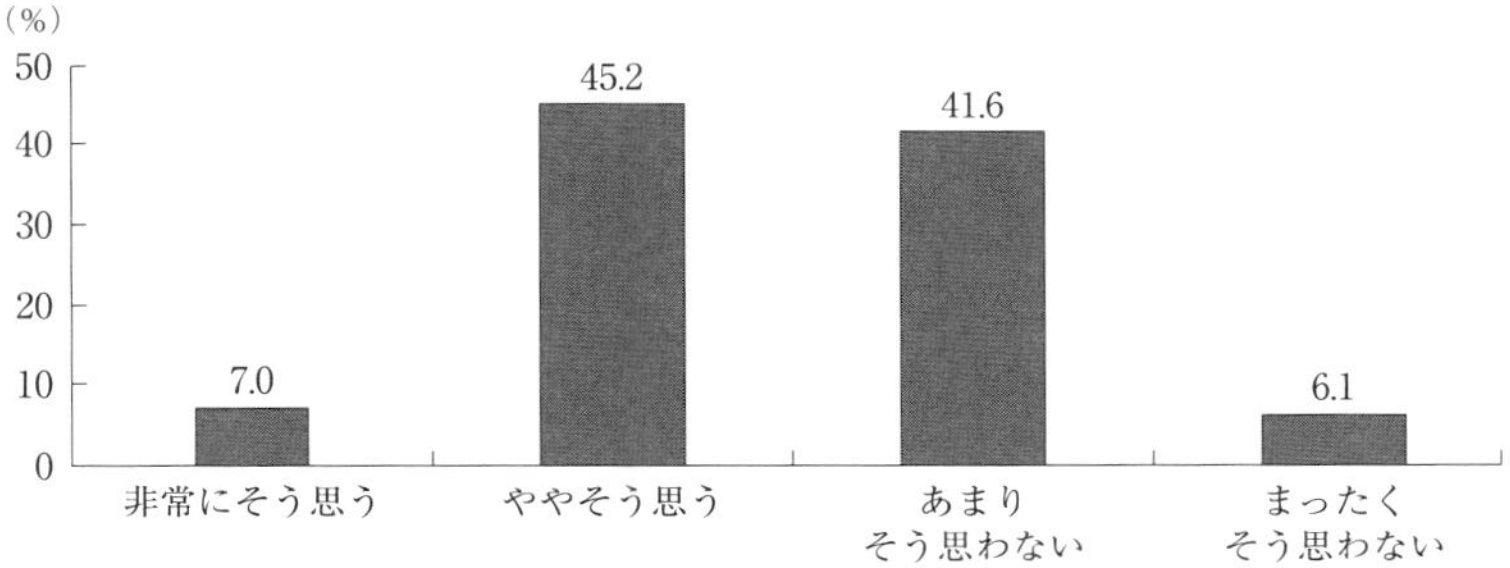

注：N＝5000

図 **6-2**　大学教育による個人への利益と社会への利益の比較（全国 WEB 調査）

もたらされる効果はたいしたことがない」という意見に対する賛否を尋ねたものである。「非常にそう思う」が七・〇％、「ややそう思う」が四五・二％、「あまりそう思わない」が四一・六％、「まったくそう思わない」が六・一％で、およそ半数の人々は、大学教育が社会にもたらす効果は教育を受けた個人が受ける利益を上回らないと考えている。先ほどみた、大学教育は「個人に利益があるので、教育費は個人・家族が負担すべき」か、「社会に利益があるので、社会が負担すべき」かに比べると、大学教育の社会的利益を人々は認めているが、「負担」という要素が入ってくると、人々はより大学教育の社会的利益を認めにくくなるようである。

（**2**）情報の影響力とその限定性

では、大学教育に社会的な利益が存在することをより積極的に示した場合には、人々の支持は変わりうるだろうか。次に、大学教育による税収の増加という点

【はじめに，こちらをお読み下さい】
大学に進学することは，その進学した本人の所得の向上ももたらしますが，それに伴う「所得税の増加」も生じます．つまり，大卒者が一人増えるたびに税収も増え，推計によれば，高卒者が大卒者になることによって，その人が生涯に支払う税金は，約1,500万円増加します．

さて，大学教育にかかる費用について，あなたの意見はどちらに近いですか．（1つに○）

A	Aに近い	ややAに近い	ややBに近い	Bに近い	B
大学教育にかかる費用は，「社会が」負担するべきだ	1	2	3	4	大学教育にかかる費用は，「教育を受ける個人(もしくはその家族)が」負担するべきだ

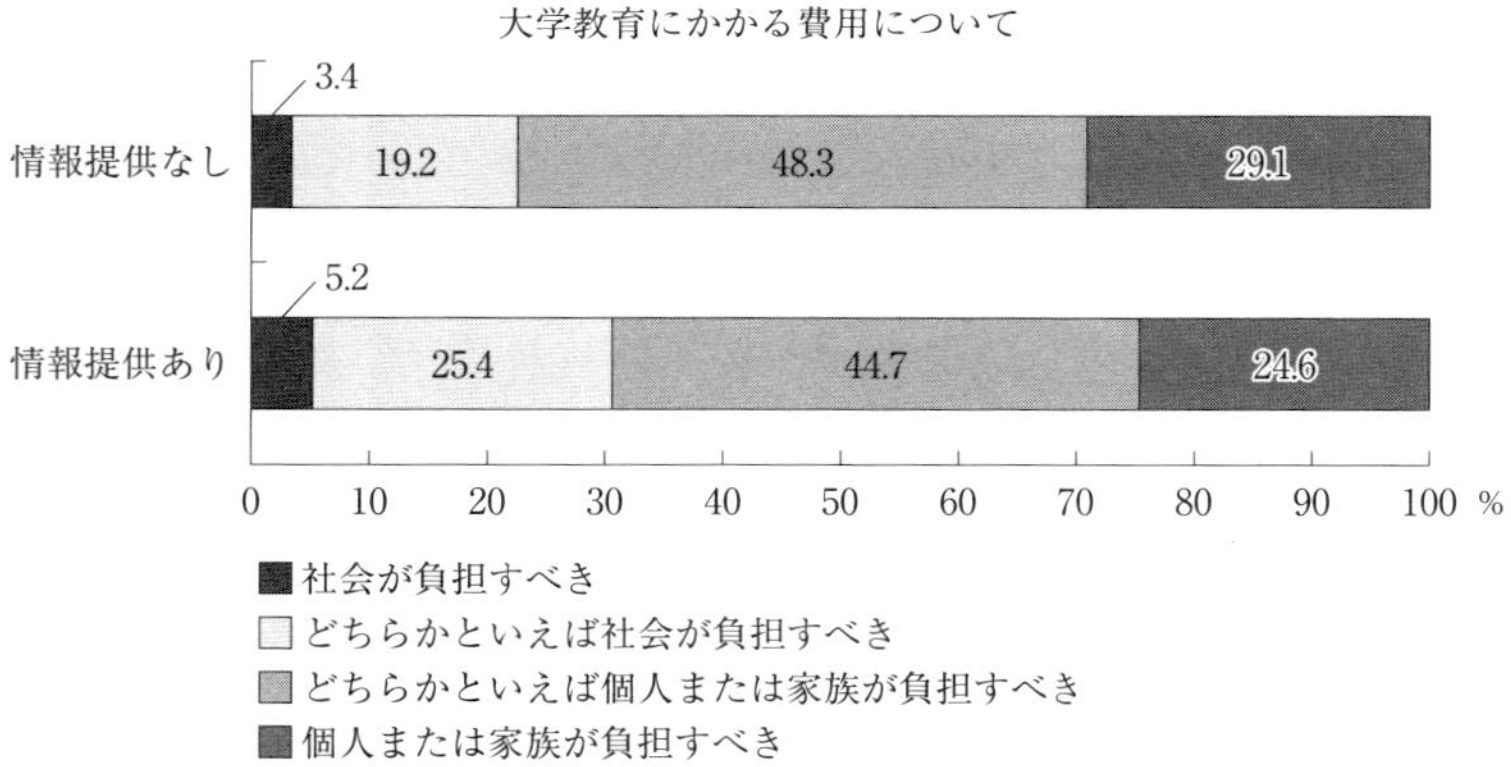

注：N＝5000
Pr＜0.000

図6-3　大学教育にかかる費用への意見における情報提供の効果(全国WEB調査)

に注目し、サンプルに対して無作為に情報を割り当てた効果を検証する。(2)

図**6-3**には、事前に情報を与えたか否かにより、大学教育にかかる費用への意見が異なるかどうかを示した。まず、事前の情報としては、「大学に進学することは、その進学した本人の所得の向上ももたらしますが、それに伴う「所得税の増加」も生じます。つまり、大卒者が一人増えるたびに税収も増え、推計によれば、高卒者が大卒者になることによって、その人が生涯に支払う税金は、約一五〇〇万円増加します」というものを提示した。(3)

「大学教育にかかる費用は社会が負担すべき」に賛同する割合は、事前に情報を与えなかった群においては三・四%、一九・二%であったのに対して、情報を与えた群においては五・二%、二五・四%と高くなっている。これは統計的にも有意な差となっている。

前述のように本データでは、事前の情報をサンプルに対して無作為に割り当てている。よって、性別・年齢・学歴など他の変数による影響を受けることなく、事前に情報を与えたことそれ自体によって大学教育費用の社会負担を支持する人が多くなっていると判断できる。すなわち、大学教育の社会的な利益についての情報が、社会による負担への支持を増やしたと考えることができる。

次に表**6-1**では、大学教育への費用負担を社会で行うべきか、個人で行うべきかについて、関連していると思われる他の独立変数を投入したうえでの、大学教育の社会的利益についての情報提供の効果を推定した。なお、情報はサンプルに無作為に割り当てられているため、もとより他の独立変数とは相関していない。よって、バイアスのない推定値を得るという意味では、他の独立変数を入れる必要はない。しかし、他の独立変数を入れた多変量解析を行うことで、情報提供の効果の

表 6-1　大学教育にかかる費用の社会負担に関する順序ロジットモデル(全国 WEB 調査)

	Coef.
社会的利益についての情報提供あり	.354***
女性	.161**
年齢(20-39 歳)	
40-59 歳	−.169*
60 歳以上	−.374***
学歴(中学)	
高校	.035
専門・短大・高専	.035
大学・大学院	−.020
世帯収入(400 万円未満)	
400 万円以上 700 万円未満	.122 †
700 万円以上 1000 万円未満	−.130
1000 万円以上	−.161
左派政党支持	.199 †
子どもあり	.126
高校生以下の子どもあり	.774***
N	4531

***p<.001　**p<.01　*p<.05　† p<.10

相対的な影響の大きさを測ることができる。

投入した他の変数は、性別、年齢、学歴、世帯収入、左派政党を支持しているかどうか(4)、子どもの有無、高校生以下の子どもの有無である。推定には順序ロジットモデルを用いた。

まず情報提供の効果の推定値は、〇・三五四であり、統計的に有意であった。このことは、四件法で尋ねた大学教育への費用負担の質問において、社会的利益についての情報があると、その支持のしやすさのオッズが一・六三倍となることを示している(5)。他に有意な変数としては、まず女性ではオッズが一・二五倍であった。また、年齢については、二〇代・三〇代を基準として、四〇代・五〇代では、社会負担への支持のオッズが〇・七九倍、六〇代以上では〇・六〇倍であった。また、左派政党の支持では、一〇%水準であるが、オッズが一・三二倍になる。そして、高校生以下の子どもがいる場合には、オッズが二・九二倍である。その他の変数では明確な差異が見られなかった。

これらの結果から、大学教育の社会的利益についての情報提供は、他の独立変数と比較しても、その効果は小さくないと言える。高校生以下の子どもがいる場合には、社会負担を支持するかどうかの差異が最も大きかったが、情報提供はそれ以外の変数とは同等か、それ以上の大きさの効果をもっている。

ところで表6-1で示した情報提供の効果は、すべての人々に対して同じように働くのだろうか。というのも人々は性別や年齢などの属性によって、もともと異なる意見をもっていた。こうしたことを踏まえると、大学教育の社会的利益についての情報を提示されたときに、その事実はある人々にとってはより受け入れやすく、また別の人々にとっては受け入れがたいものであると予想ができる。そこで、表6-1で主効果の認められた独立変数のグループと、情報提供との交互作用の効果を検証した。この結果を表6-2に示す。

まず、モデル1~4のいずれにおいても、情報提供の主効果はプラスに有意である。すなわち、交互作用を入れて検証をした場合にも、依然としてすべての人々に一定の情報提供の効果が認められるということになる。そしてモデル1では、女性と情報提供の交互作用はプラスに有意であった。すなわち、大学教育の社会的利益についての情報を提示することの効果は、男性よりも女性でより大きい。

またモデル2では、年齢が二〇代の人々に対して六〇代以上の人々において、情報提供の効果はマイナスであった。しかし、主効果の大きさが〇・四八九であるから、交互作用を考慮しても(0.489−0.306＝0.183)、六〇代以上に対する情報提供の効果としては依然としてプラスである。またモデル2の結果は、情報提供のプラスの効果がとくに二〇代で大きいと見ることもできる。

表 6-2　大学教育にかかる費用の社会負担に関する順序ロジットモデル
（情報提供との交互作用あり）（全国 WEB 調査）

	モデル 1 Coef.	モデル 2 Coef.	モデル 3 Coef.	モデル 4 Coef.
社会的利益についての情報提供あり	.215**	.489***	.355***	.276***
女性	.025	.162**	.161**	.159**
年齢（20–39 歳）				
40–59 歳	−.170*	−.125	−.169*	−.171*
60 歳以上	−.372***	−.229 †	−.374***	−.375***
学歴（中学）				
高校	.045	.026	.035	.032
専門・短大・高専	.047	.025	.035	.030
大学・大学院	−.012	−.024	−.020	−.023
世帯収入（400 万円未満）				
400 万円以上 700 万円未満	.122 †	.120 †	.122 †	.123 †
700 万円以上 1000 万円未満	−.126	−.132	−.130	−.130
1000 万円以上	−.158	−.164 †	−.160	−.157
左派政党支持	.203 †	.209 †	.213	.202 †
子どもあり	.122	.132	.126	.127
高校生以下の子どもあり	.774***	.770***	.774***	.643***
女性×情報提供あり	.274*			
40–59 歳×情報提供あり		−.093		
60 歳以上×情報提供あり		−.306*		
左派政党支持×情報提供あり			−.028	
高校生以下の子どもあり×情報提供あり				.268*
N	4531			

***p＜.001　**p＜.01　*p＜.05　† p＜.10

モデル3では左派政党と情報提供の交互作用は統計的に有意ではなかった。そしてモデル4では高校生以下の子どもがいることと、情報提供の効果は有意にプラスであった。これらの結果から、情報提供の効果は、もともと大学教育の費用の社会負担に対して肯定的な傾向にあるグループの支持を、さらに高める傾向があると言えそうである。

(3)「個人への利益」との交互作用

最後に、人々が大学教育の経済的効果をどれほどに見積もっているかと、社会的利益についての情報提供の効果の関連について注目する。大学教育が個人にどれほどの利益を与えるかというプレミアムについての主観によって、税収の増加についての情報提供が異なった効果をもつ可能性があると考えられるからである。

変数としては、「大卒の場合と高卒の場合とでは、将来の収入にどのような違いがあると思いますか」という質問を用いる。回答の選択肢の、「同じくらい」、「大卒のほうが一~二割ほど高い」、「大卒のほうが三~四割高い」、「大卒のほうが五~九割ほど高い」、「大卒の方が二倍以上高い」を一~五として設定して、独立変数として投入した。結果は表**6-3**である。

モデル1に注目すると、大卒の収入プレミアムについての主観的な知識は、プラスの統計的に有意な関連をもっている。すなわち、高卒より大卒の収入が高いと思っている人々ほど、大学教育費用の社会負担を支持しやすい傾向がある。また、モデル2ではこの大卒の収入プレミアムについての主観的な知識と、情報提供の交互作用に注目した。すると、大卒の収入プレミアムと情報提供の

表 **6-3**　大学教育にかかる費用の社会負担に関する順序ロジットモデル（高卒に対する大卒の将来収入のプレミアムについての主観的知識を含めた結果）（全国 WEB 調査）

	モデル 1 Coef.	モデル 2 Coef.
社会的利益についての情報提供あり	.352***	−.107
女性	.162**	.163**
年齢（20–39 歳）		
40–59 歳	−.168*	−.169*
60 歳以上	−.374***	−.372***
学歴（中学）		
高校	.029	.034
専門・短大・高専	.029	.037
大学・大学院	−.013	−.004
世帯収入（400 万円未満）		
400 万円以上 700 万円未満	.124 †	.124 †
700 万円以上 1000 万円未満	−.125	−.121
1000 万円以上	−.161	−.160
左派政党支持	.189	.193 †
子どもあり	.134	.129
高校生以下の子どもあり	.762***	.770***
大卒の収入プレミアム	.080*	.000
情報提供あり×大卒の収入プレミアム		.162**
N	4531	

***p＜.001　**p＜.01　*p＜.05　† p＜.10

主効果は有意ではなく、それらの交互作用が統計的にプラスの有意な関連をもっていることが明らかになった。すなわち、情報提供は、大卒の収入プレミアムが大きいと思っている人々においてのみ、効果をもっている。すなわち、もともと大学教育には大きな個人的な利益があるという信念をもっている人々においてのみ、社会的利益の情報は効果をもつという限定性が見られる。

4　効率・平等を両立する政策に向けて

（1）情報提示の意義と課題

分析の結果によって明らかになったことをまとめる。本章では、大学教育の政府支出への支持が低いのは、大学教育を受けた個人にのみ利益をもたらすと認識されているからだという仮説を検討した。具体的には、「大学教育は社会に利益があるので、その費用は社会が負担すべきだ」と考える人々は四分の一程度だったのに対して、「大学教育は個人に利益があるので、その費用は個人・家族が負担すべきだ」と考える人々が四分の三程度と、圧倒的に多いことが示された。

しかし、実際には大学教育には、それを受けた個人の生産性の上昇に伴う税収の増加、犯罪の減少や健康の促進などといった、個人にのみ還元されるわけではないさまざまな社会的利益が存在する。このような関心から、本章では大学教育の社会的利益について、税収の増加という面での情報をサンプルの半分にランダムに割り当てたうえで、情報を提示していない群と、大学教育への費用の社会負担についての支持率を比較した。

その結果、税収の増加という大学教育の社会的利益についての情報を提示した群においては、費用の社会負担がより支持された。この情報の効果は、社会負担への支持に影響している他の独立変数との効果の大きさを比較しても遜色がなく、また、もともと社会負担を望ましいと思いやすい人々の支持を、さらに増大させる傾向があることがわかった。さらに、大学教育の個人的な利益についての見積もりとの関連では、大学教育の収入プレミアムが大きいと思っている人々において、社会的利益についての情報はより効果が見られた。以上のことから、社会的利益についての情報の提示は、母集団全体に対して普遍的な影響をもつのではなく、人々の属性やもともとの知識・信念に部分的に依存して、社会負担への支持に影響するという、異質な効果をもっていると言える。

本章で提示した大学教育の社会的利益についての情報は、あくまで税収という直接的に経済的な側面における効果のみであった。すなわち、本章で推定された情報提供の効果は、過小に推定されている可能性もある。公共的な知識を提供することによる効果は、さらに大きいかもしれないということである。

また、本章で用いた情報の提供の仕方は、簡単な質問文を読ませるという非常に限定的な情報ではあるが、それでも統計的に有意な差が生じた。これは、人々の教育政策についての支持がそれだけ揺らぎやすい、曖昧な知識と判断に基づいているものであることを示唆する。

崔(二〇一四)による原子力発電に対する意見を尋ねた研究では、賛成・反対それぞれの人々に対してランダムに反論を提示し、意見が変化するかどうかが検証されている。そこでは、根拠のない反論を提示した場合よりも、根拠のある反論を提示した場合に、人々の意見はより変化しやすいという結果が得られている。この結果が一般化が可能であるならば、今後の日本社会における教育政策を考えるうえでも、学術的なエビデンスに基づいて人々の議論を喚起することが重要であるという示唆が得られる。他の社会を見ると、ヘックマンなども注目するように(Heckman 2000)、アメリカではペリー幼児計画といった、教育の社会的効果についての質の高い調査研究が政策を考えるうえでも活かされている。しかし、日本ではそうした蓄積がまだ多くはない。

（2）情報の不確実性と家族負担主義の関係

次に、大学教育にかかる費用の個人・家族による負担が、根強く維持されている現状についての考察を深めたい。矢野（二〇〇一）は、子どものために親たちが通塾費用を負担している状況を、「囚人のジレンマ」の状況に見立てた。すなわち、他の親たちが子どもを塾に行かせるという戦略を変えない限りは、自分も行かせるのが最適な戦略となり、その結果として、どの親も通塾費用を負担せざるを得ない結果になってしまうというのである。しかし、本当は誰もが塾に行かせないですむほうが幸せな（パレート効率的な）可能性があることを矢野は指摘している。これは、大学進学にかかる費用についても同様の議論が立てられるだろう。すなわち、大学進学にかかる費用を社会的に負担することができれば、それが最も効率的かつ公平な状態であるかもしれない。しかしながら、他の人々が個人・家族による負担を望ましいと思っている限りは、自分もそうせざるを得ないという問題である。

ただし、「囚人のジレンマ」と状況が異なるのは、自分にとっての利益がどの程度かという情報が不確実だということである。「囚人のジレンマ」では、自分と相手にとってどの戦略がどの程度の利益をもたらすかが、あらかじめ明確になっている。しかし、大学進学に関しては、自分や家族に対する利益もそうであるが、他の個人や社会全体に対する利益は曖昧な場合が多い。そのため人々は、個人・家族による負担が自分にとっても当然最適だろうという、「誤った信念」を抱きがちである。ここに、エビデンスに基づいた政策を考えてゆく余地がある。費用負担のあり方によってどのような利益が個人・社会にもたらされるのかという、情報の不確実性が減ることで、より社会的に効率的かつ公平な状態が達成できる可能性が高まりうる。

(3) 大学教育への税金投入にともなう逆進性について

また、他の論点として、大学授業料の無償化を行うにしても、世帯所得による対象の制限を行ったほうがよいのではないかという主張について若干触れておきたい。大岡(二〇一四)が論じるように、現状では高所得層ほど多く大学に進学しているために、税収を通じて所得制限なしに大学授業料の保障を行うとすれば、逆進性(低所得層ほど、利益よりも税負担が大きくなること)が伴うかもしれない。

この問題については本書の第8章において、矢野が反論している。その指摘の重要な部分を先取りするならば、次のようになる。現状においてはたしかに高所得層ほど大学に進学しており、大学教育への税金投入の恩恵を相対的に大きく受けているのも、これらの人々である。①しかし、大学進学率が高まってきているために、低所得の家庭は税金を支払っているにもかかわらず、進学できずにまったく損をしているということではない。②くわえて、低所得層の進学率が低いのは、主に高い授業料が原因である。よって、新たに税金を投入することで授業料を下げた場合の恩恵をより大きく受けるのは、低所得層であると考えられる。

矢野の反論の二点目を言い換えるならば、「現状において相対的に利益を受けているのは誰か」

と、「新たに税金の投入を行った際に、利益を受けるのは誰か」を混同してはならないということになる。これは大学教育への税金投入の逆進性を考える際に、きわめて重要な論点であろう。

矢野の主張にくわえて、本章の知見から逆進性の問題に対して、反論の可能性を挙げておこう。大学教育を受けた個人は、所得の増加によって、将来的により多くの税金を払うことになる。よって、もし大学教育へ新たに税金を投入した際に、仮に高所得層の大学進学率をより押し上げたとしても、そうして進学した人々は、進学しなかった場合よりも多くの所得税を払うことになるだろう。そのため、低所得層で進学をしない人々も、増加した税収によって、将来的には再分配などの面で利益を受ける可能性は否定できない。

もちろん、こうした主張が成り立つかどうかは、今後さらに大学進学率が上昇した場合にも、大学教育が個人の所得に与える効果が維持されるという仮定が必要である。しかし、矢野(二〇一五)などが示しているように、大衆化した段階においても、大卒者の高卒者に対する相対的な所得は低下していないのである。

以上に述べてきたように、大学教育の社会的利益という視点は、平等と効率を両立するために、大学教育の政策論議を今後進めるうえで、有効になりうるものである。

注

(1) こうした個人の利害関心が、社会政策への人々の態度に影響しているという実証研究はさまざまに存在する。

たとえば、スヴァルフォスはISSPのデータを用いて、スウェーデン、イギリス、ドイツ、アメリカの四カ国において、労働者階級ほど、「低収入の家庭出身の大学生に対して経済的な援助をするのは政府の責任であるべきだ」と回答する割合が高いことを示している(Svallfors 2004)。

(2) 情報提示の効果については、第5章も参照されたい。補足すれば、社会調査において、対象者に仮想的なストーリー(vignette)を読ませることで、対象者が質問に対してどのような理解をしているのかを、より限定するという試みはしばしば行われてきている(King et al. 2004)。また崔(二〇一四)は、原子力発電への賛否を示した人々それぞれに対して、ランダムに反論を提示し、意見が変化するかどうかを検証している。

(3) この情報の推計元としては、第5章でも触れているように、平成二一年の「賃金構造基本統計調査」を用いている。なお、現状で高卒者と大卒者でどれほど支払っている所得税が異なるかということと、新たに大卒者が増えたときに同様の税収が得られるかということは異なりうる。すなわち、これまでは大学に入らなかったような人々、とくに学力が低い人々が大学を卒業した場合に、これまでの大卒者と同様の所得水準を得られるかどうかは不明だからである。しかし、本書の矢野の分析でも明らかになるように、近年のデータにおいても、中学時代に低成績だった人々の大学進学の収益率は高い。すなわち、仮に財政的な支援が行われることによって、低学力の生徒が大学に入ってくるようになったとしても、所得の向上およびそれに伴う税収の増加は無視できないと考えられるのである。

(4) 二〇一〇年の参議院選挙における比例代表選挙において、社民党と共産党に投票したかどうかのダミー変数を用いた。左派政党の勢力と再分配政策の規模との関連は、権力資源論の分野などにおいてしばしば注目されるためである(Korpi and Palme 2003)。

(5) オッズは事象の生起確率を非生起確率で割ったものであり、これが1より大きいほど、その事象が起こりやすいことを意味する。ここでのオッズの計算は、表**6-1**の係数について、指数をとって行った。

大岡頼光 二〇一四、『教育を家族だけに任せない――大学進学保障を保育の無償化から』勁草書房。
小林雅之 二〇〇七、「高等教育機会の格差と是正政策」『教育社会学研究』第八〇集、一〇一―一二五頁。
小林雅之 二〇〇八、『進学格差――深刻化する教育費負担』ちくま新書。
崔仁淑 二〇一四、「タブーであるテーマを巡る日本人の世論――新しい実験調査手法による世論の構造的解明」『行動計量学』四一(一)、四七―六二頁。
矢野眞和 二〇〇一、『教育社会の設計』東京大学出版会。
矢野眞和 二〇一五、『大学の条件――大衆化と市場化の経済分析』東京大学出版会。
矢野眞和・濱中淳子 二〇〇六、「なぜ、大学に進学しないのか――顕在的需要と潜在的需要の決定要因」『教育社会学研究』第七九集、八五―一〇四頁。
Andreß, Hans-Jürgen, Thorsten Heien 2001, "Four Worlds of Welfare State Attitudes? A Comparison of Germany, NorWay, and the United States", *European Sociological Review*, 17(4), pp. 337-56.
Dahlman, Carl J. 1979, "The Problem of Externality", *Journal of Law and Economics*, 22(1), pp. 141-162.
Esping-Andersen, Gøsta 1999, *Social Foundations of Postindustrial Economies*, Oxford: Oxford University Press.(渡辺雅男・渡辺景子訳『ポスト工業経済の社会的基礎――市場・福祉国家・家族の政治経済学』桜井書店、二〇〇〇年)
Heckman, James J. 2000, "Policies to Foster Human Capital", *Research in Economics*, 54: pp. 3-56.
King, Gary et al. 2004, "Enhancing the Validity and Cross-Cultural Comparability of Measurement in Survey Research", *American Political Science Review* 98(1), pp. 191-207.
Korpi, Walter and Joakim Palme 2003, "New Politics and Class Politics in the Context of Austerity and Globalization: Welfare State Regress in 18 Countries, 1975-95", *American Political Science Review*, 97(3), pp. 425-46.
Moretti, Enrico 2004, "Estimating the Social Return to Higher Education: Evidence From Longitudinal and Re-

peated Cross-Sectional Data", *Journal of Econometrics*, 121, pp. 175-212.

OECD, 2016, *Education at a Glance: OECD Indicators*, Paris: OECD Publishing.

Psacharopoulos, George and Harry A. Patrinos 2004, "Returns to Investment in Education: A Further Update", *Education Economics*, 12(2), pp. 111-134.

Svallfors, Stefan 2004, "Class, Attitudes, and the Welfare State: Sweden in Comparative Perspective", *Social Policy and Administration*, 38(2), pp. 119-138.

第７章　政策という手段を見失っている若者世代
――なぜ、増税による支え合いを求めないのか

濱中淳子

1　若者層に着目する二つの意義

教育の姿を変えようとする試みの歴史は長い。その中心は法制度の変更をベースにする「改革」であるけれども、資源配分の変更を伴う「政策」こそが大事である――本書第１章で詳しく述べていることであるが、私たちはこの「改革から政策へ」という視点を共有し、だからこそ資源をキーワードにした教育世論調査の実施を試みた。そこに含めたどの項目も、世論の全体像を理解するためには必要なものだと判断しているが、とりわけ以上の立場に照らし合わせたとき、最も重要な意味をもつのは、税金観をめぐる質問項目だといえるように思う。

いうまでもなく、各個人の関心のありかや想定し得るリスクの責任主体への考え方も重要だ。しかしながらやはり、「税金」という資源問題を真正面から扱った質問項目への回答がもつ意味は重く、何より税金観には、回答者が抱く本音の部分が入り込む。「その社会問題の解決が求められているということはわかっているけれども……」という思惑が働く世界であり、そして結局のところ、

こうした本音部分こそが世論として大きな力をもつことになる。税金観は、政策問題を考える際のすぐれて有効な切り口として設定し得るはずだ。

ところで、日本人の税金観については、三木義一による鋭い指摘が提示されている。著書『日本の納税者』(二〇一五)で展開されているものであり、「申告手続きをする必要のない源泉徴収制度」「難解な税法」「国民の関わりのないうちに進められる税制調査会制度」といった要因を背景に、「税金に対して無関心になっている」という主張だ。日本人は納税者としての自覚を欠く状況に陥っており、だとすれば、私たちの調査に含めた税金をめぐる項目への回答も、あやしいものになっている可能性がある。

ただ同時に、日本人の税金をめぐるかまえについては、「強い忌避感」という側面から説明されることも多い。たとえば、第2章でも紹介した武川正吾によれば、日本人が共有する「常識」のひとつに「「国民負担率」は低いほど良い」というものがあるという。国民負担率とは「租税と社会保険料の合計の国民所得に対する比率」のことであり、武川は、日本では税や社会保障に関する議論が行われるとき、必ずと言っていいほど、この指標が使われてきたこと、その前提には、国民負担率は低いほうが国民の負担も軽くなるので、負担率は低ければ低いほどよいといった考え方があったこと、そして、増税アレルギーの原因のひとつがここにあることを指摘する(武川 二〇一二、二〇頁)。加えて、こうした専門的な見地から離れてみても、「選挙で票を取るためには、増税をちらつかせてはいけない」という説が当たり前のように闊歩しているのが現状だ。しくみや使い道については無関心だが、取られることには抵抗を示す。これが平均的な日本人の税金観であり、逆に言えば、税金を増やしてでも充実してほしいという回答には、よほどの意志が込められているといえそうである。

さて、本章では、こうした「税金に対する意識」を取り上げ、これまでの章の中でもしばしば取り上げてきた「大学進学をめぐる政策」を軸足に設定しつつ、いま少し視野を広げながら「若者層の税金観」に引き付けた議論を展開したい。

幅広い対象者のうち、若者層に着目する理由は大きく二つある。

ひとつは、これからの社会を担う若者層の意見にこそ、今後の社会を見通す糸口があると判断したからだ。

大学進学にかかる費用に対する日本の公的資金投入は、国際的にみて大きく立ち遅れている。負担を私費に頼り、世論もそれを支持する状態が長らく続いてきたことは、これまでの章でも議論してきたとおりである。ただ他方で、今後、世論の趨勢が変わることもあり得よう。そして、もし、大きく変わることがあるとすれば、その重要な手掛かりは「これからの社会を担う「若い世代」の意見がどこにあるか」という点にあると考えられる。世論が変わる兆しが若者たちの意見に見出せるのか、探ることにしたい。

そしていまひとつの理由は、若者層が、他の年齢層と異なる大学進学観を身につけているかもしれないという点にある。

私たちの世論調査では、二〇～七九歳とかなり幅広い年齢層を対象としている。そして、この幅広い年齢層それぞれが、主要な大学進学決定時期である一八歳をどの時代に迎えたのかを示したも

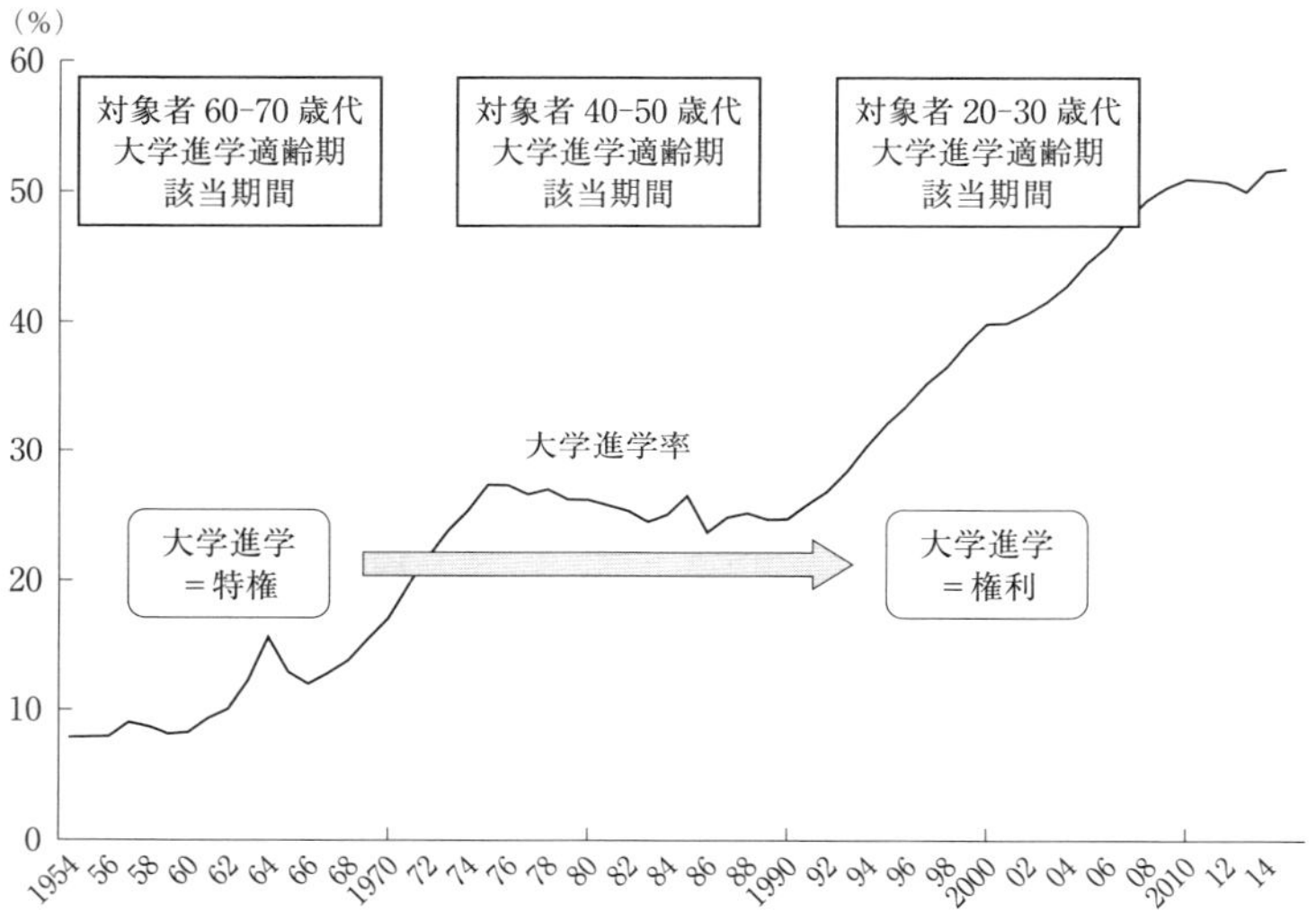

図 7-1　大学進学率と対象者の大学進学適齢期該当期間

のが、**図7-1**である。現在の七九歳が一八歳だった一九五〇年ごろは、進学率一割未満という値が象徴するように、大学進学は「特権」という時代だった。しかしながら進学率は二度の上昇期を経験し、いまや大学はきわめて身近な存在となっている。ごく一部の許された者のみが学問をしにいくところではなく、機会があれば誰が進学しても不思議ではない機関へと成長した。そうした状況の中で育った若者層が、実は大学進学を、社会で支えるべき権利として自覚するようになっているということはないだろうか。いまだ十分に検証されていないが、重要な問いであるように思う。

ただ、ここで少し議論を先取りすれば、データの分析を試みる限り、「大学進学＝権利」世代と想定される若者層であっても、大学進学は税金で支えるべきという態度には、たどりついていない。いや、いま少し正確にいえば、たどりつけずに躊躇している、といったところだろうか。

若者たちは、なぜ、税金を用いた大学進学の保障を求めないのか。本章では、こうした切り口から全国ＷＥＢ調査のデータを読み込み、若者世代の中に生まれつつある「漠然とした期待」を政策としてかたちにするためには何が必要なのか、ひとつの解を提示することにしたい。

２　若者層に顕著な「社会負担と税金との距離」

これまでの章でも幾度か回答を紹介してきた項目ではあるが、全国ＷＥＢ調査では、税金を伴う政府による支援強化の必要性について、次の七つの項目を設定して尋ねている。すなわち、

（一）非正規社員や単純労働者のキャリアアップを目的とした再教育の場の整備
（二）失業者の就職支援
（三）十分な医療が受けられるような環境の整備
（四）社会で介護の負担を担う制度の整備
（五）年金の安定化を通じた、高齢者の経済生活の保障
（六）公立中学・高校の整備

(七) 大学授業料の減額・無償化、もしくは返却義務のない奨学金の創設など、大学進学機会の確保のそれぞれについて、「税金が増えてもいいから、積極的に施策を進めるべき」か、「税金が増えるぐらいなら、積極的に施策を進めなくてもいい」か、四段階尺度で回答してもらった。図**7-2**は、この項目への回答状況を三つの世代別(二〇〜三〇歳代、四〇〜五〇歳代、六〇〜七〇歳代)に示したものである。

各項目それぞれ概して右上がりのグラフになっており、およそ高齢者層ほど増税を伴う施策の強化を肯定していることがわかる。この結果を第4章で議論した当事者性に結びつけて理解することもできよう。つまり、若い世代からしてみれば、医療や介護、年金問題は、想像もつかない遠い世界のことであり、必要性を感じることもない。増税を伴う施策の強化が必要だと感じた経験がある若者は、相対的に少数派であり、それがこのグラフにあらわれているという解釈だ。

しかしながら他方で、このグラフからは、こうした当事者性の範疇を超えた二つの特徴を読み取ることもできる。

第一に、高齢者層は、自らに直接関係がなさそうな領域に関しても、税金による施策の強化に肯定的である。非正規や単純労働者の再教育問題や失業者問題、あるいは公立義務教育の問題への税金投入に最も積極的なのは、六〇〜七〇歳代である。

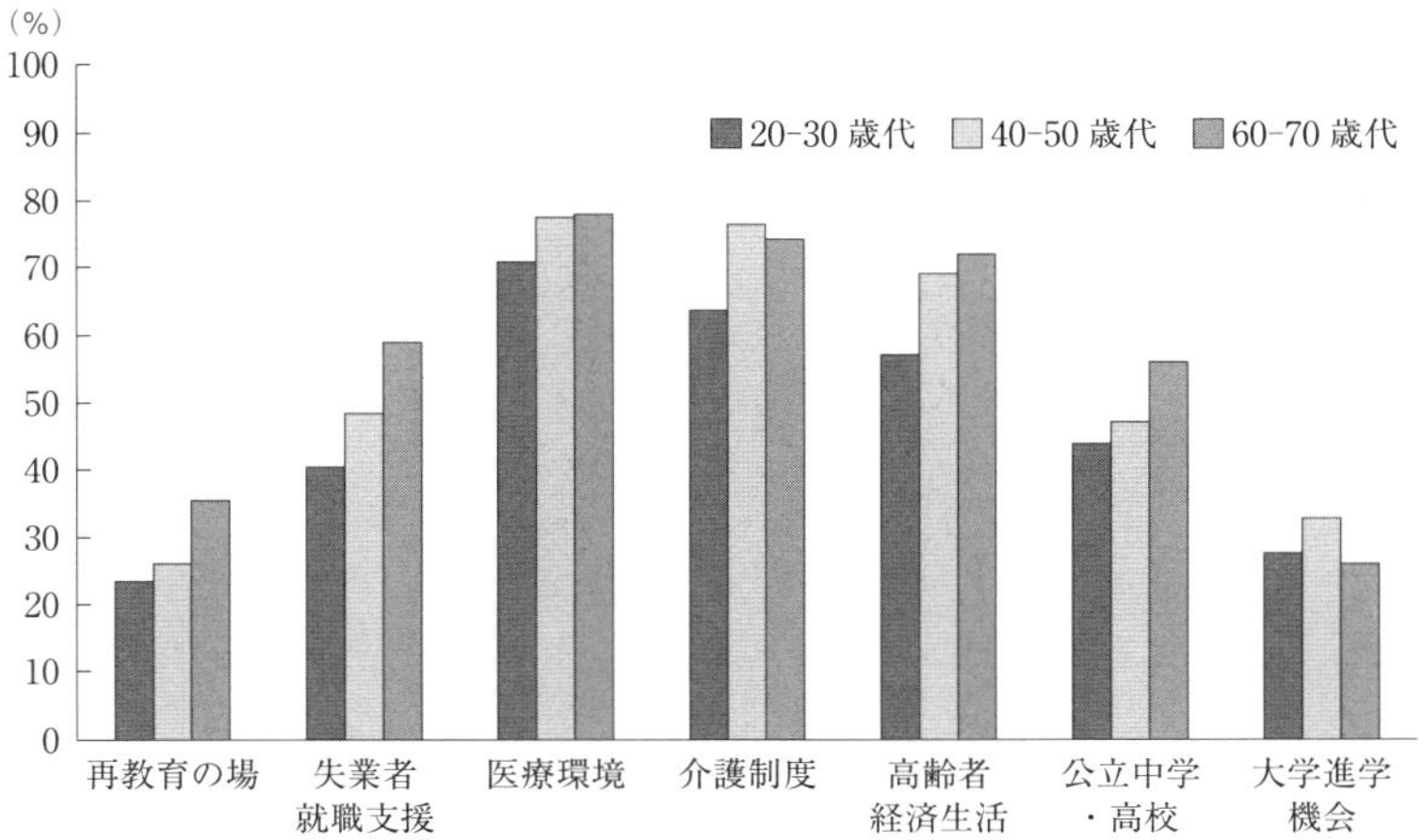

注：「税金が増えてもいいから，積極的に進めるべきだ」ならびに「どちらかといえば，税金が増えてもいいから，積極的に進めるべきだ」と回答した者の比率を足し合わせた値である．

図 **7-2**　「税金が増えてもいいから積極的に進めるべきだ」に対する回答

　第二に、こちらのほうが本章の議論に大きく関連するが、さまざまある項目の中で、大学進学機会保障問題は特殊な位置づけにあるということである。まず、全般的に増税による施策強化に積極的な高齢者層も、この項目に限っては消極的な姿勢を示す。加えて、当事者性から導かれる支持層、すなわち大学進学世代の子どもがいると想定される四〇〜五〇歳代も、施策強化に賛成する者は、わずか三二%。さらに本章で「大学進学＝権利世代」として注目している若者層（二〇〜三〇歳代）の賛同比率にいたっては二七%であり、この低さは、大学に進学しなかった二〇〜三〇歳代（＝中卒、高卒、短大卒の二〇〜三〇歳代）に限定しても、同様に確認されるものだった。

　どの世代でも賛意を得られないととも

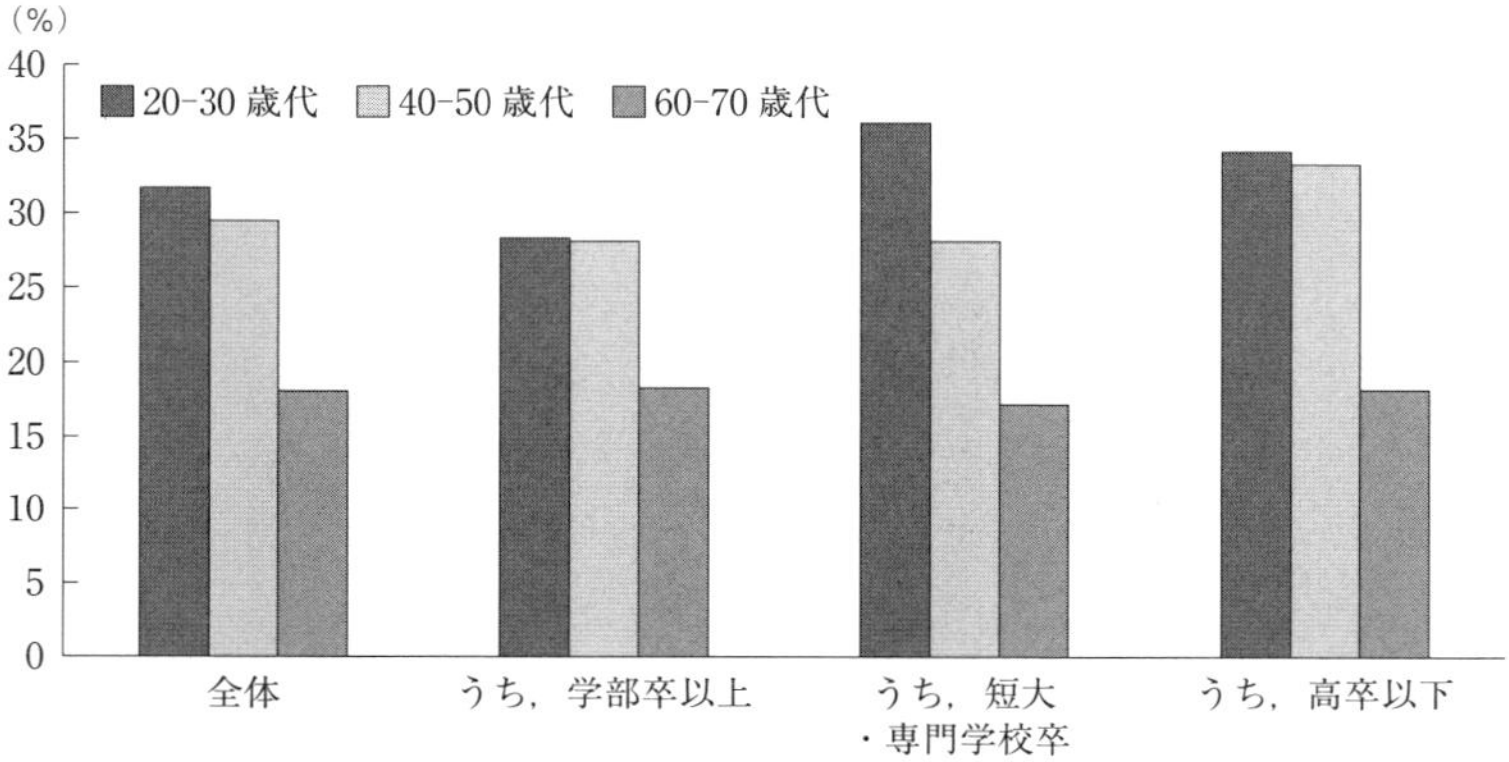

図 **7-3**　大学進学費用の社会負担への賛同比率((A)寄りの回答比率)

に、「権利」という意識の芽生えをみることもできない。それが大学進学機会保障問題だということを、以上の分布は指し示すものとなっている。

とはいえ、さらに分析を進めると、実態はいますこし複雑な様相をみせてくる。というのは、別の質問項目に対する回答からは、若い世代ほど「大学進学をめぐる費用は、社会で負担してほしい」と考えている様相が読み取れるからだ。

図**7-3**をみてもらいたい。これは、(A)大学教育にかかる費用は、「社会が」負担するべきだ、(B)大学教育にかかる費用は、「教育を受ける個人(もしくはその家族)が」負担するべきだ、という二つの考え方を提示し、自分の意見がどちらに近いかを四段階尺度(Aに近い／ややAに近い／ややBに近い／Bに近い)で回答してもらった結果である。A(「社会が」負担すべき)寄りの回答をした者の比率であり、高齢者層より若者層のほうが社会による負担を望んでいることがうかがえよう。三割という比率はそれほど大きなものではないかもしれないが、大学

表 **7-1**　大学進学費用負担観×税金投入に対する意見(%)

		税金が増えるぐらいなら積極的に進めなくてもよい	税金が増えてもいいから積極的に進めるべきだ	計
20-30歳代	社会負担派	51.2	48.8	100.0
	個人(家族)負担派	82.6	17.4	100.0
40-50歳代	社会負担派	35.6	64.4	100.0
	個人(家族)負担派	80.4	19.6	100.0
60-70歳代	社会負担派	38.9	61.1	100.0
	個人(家族)負担派	81.7	18.3	100.0

に進学できなかった層ほどその傾向が強まる点も興味深い。

若者層には、少しずつ「大学進学＝権利」だという意識が浸透しつつあるということなのか。しかし、だとすればこそ気になるのは、**図7-2**の結果とのズレである。一方で、増税による施策の強化に対しては、四〇〜五〇歳代より消極的な態度を示す若者層(**図7-2**)。他方で、社会負担を相対的に望む若者層(**図7-3**)。この距離をどう解釈すればいいのか。

その答えのひとつが、**表7-1**に見出せるように思う。これは、大学進学費用の負担に対する意見(社会負担にすべきか、個人(家族)負担にすべきか)の別に、税金による大学進学機会の確保に対する意見の分布を世代別に示したものである。要は、**図7-2**と**図7-3**の関係を示したものになるが、全般的に、社会負担を是とする者ほど「税金を増やしてもいい」と回答しているものの、その傾向は二〇〜三〇歳代で弱くなっていることがわかるだろう(二〇〜三〇歳代＝四八・八%、四〇〜五〇歳代＝六四・四%、六〇〜七〇歳代＝六一・一%)。「社会負担」と「税金」との間のリンクが途切れてしまっている若者が多いということである。

3　支え合う経験の不足が意味するもの
――会社主義と社会主義を知らない世代

このような若者層の特質は、なにも大学進学費用問題に限ってみられるわけではない。注目されたもうひとつの分析例を紹介しておこう。

二〇〇〇年代以降、急速に注目されるようになった社会問題に「格差」がある。「富める者と貧しい者の間に深刻な経済格差が確認される」「親世代の貧しさが、そのまま子ども世代に引き継がれている」――研究者やジャーナリスト、あるいは社会運動家たちが、新聞や雑誌、テレビなどで熱心に議論を交わしたからであろう、少なくとも「格差がある」ということは広く認識されるようになった。

この認識の広がりは、私たちの調査データにも見事にあらわれた。調査票に含めた「いまの世の中は、不公平だ」と思うか、「いまの世の中は、公平だ」と思うかを尋ねた質問項目に対して、「不公平だ」と回答した者はおよそ七割。そしてこの回答分布を世代別に確かめれば、「不公平だ」と答えた者の比率は、二〇〜三〇歳代＝七四・八％、四〇〜五〇歳代＝七四・五％、六〇〜七〇歳代＝六八・一％。世代間に大きな差はなく、どちらかといえば、若い世代に高齢者層以上の比率が認められる分布となっている。

加えて、「いまの若い世代は、とくに恵まれない状況におかれていると思う」か、「どの世代に生まれても、その世代特有の問題に直面するのだから、いまの若い世代がとくに恵まれていないとは思わない」かについて答えてもらったところ、自分の意見は前者だと答えた者は三割強。そしてその比率を世代別に示せば、二〇〜三〇歳代＝三八・一%、四〇〜五〇歳代＝三四・六%、六〇〜七〇歳代＝三一・六%になる。当事者ならではの実感も影響してのことなのだろう、四割を切る値ではあるものの、理不尽さを意識する者は、若い世代において相対的に多い。

しかし、興味深いのはここからである。

指摘するまでもなく、格差や理不尽な状況を具体的に是正する主要なカギは「最高税率」にある。税率が高くなることによって再分配機能は高くなり、富める者から貧しい者へ、恵まれた状況に置かれている者から恵まれない状況に置かれている者へと資源がまわる。他方で格差がこれだけ意識されている今現在、設定されているのは、過去より低めの最高税率である。その推移は、七〇・〇%(一九八六年)→六〇・〇%(一九八七年)→五〇・〇%(一九八九年)→三七・〇%(一九九九年)→四〇・〇%(二〇〇七年)。最近になって若干の上昇もみられるものの、基本的に低下方向に推移している。[1]

私たちの調査では、この具体的な推移とともに「この推移は「お金持ちから生活が苦しい人へまわされるお金の量が減っている」ことを意味している」という説明を付け加えたうえで、(一)最高税率が低下していることへの評価、(二)望ましい最高税率、の二つを答えてもらった。

前者については、「(A)最高税率を上げて、もっと所得の再分配を積極的に進めるべきだと思う」、「(B)最高税率を下げることは、人びとの働く意欲をわかせ、経済も活性化するので、いいことだと思う」、という二つの対照的な意見を提示し、自分の意見がどちらに近いか、四段階尺度(Aに近

表 **7-2**　分析に用いた変数

従属変数	
①最高税率への評価(四択) (→「最高税率アップ賛成度」として得点化)	「最高税率を下げることは，人びとの働く意欲をわかせ，経済も活性化するので，いいことだと思う」=1，「最高税率を上げて，もっと所得の再分配を積極的に進めるべきだと思う」=4 の 4 段階尺度による回答を利用
②望ましい最高税率(記述式)	自分自身が望ましいと考える最高税率として数値(%)で記載された回答を利用
独立変数	
①性別	男性をベースにした女性ダミー
②年齢	数値で記載された回答を利用
③世帯所得 (1 乗項+2 乗項)	16 段階尺度(100 万未満／100〜200 万未満／200〜300 万未満／300〜400 万未満／400〜500 万未満／500〜600 万未満／600〜700 万未満／700〜800 万未満／800〜900 万未満／900〜1000 万未満／1000〜1100 万未満／1100〜1200 万未満／1200〜1300 万未満／1300〜1400 万未満／1400〜1500 万未満／1500 万以上)による回答を利用
④学歴	高卒以下をベースにした短大・専門学校卒ダミーならびに学部卒以上ダミー
⑤直面しているリスクの数 (1 乗項+2 乗項)	次の七つのリスク項目のうち，自分自身，もしくは自分の家族が「既に直面した／現在直面している」もしくは「今後 10 年ぐらいの間に直面しそうだ」と回答したものの合計数 1)知識・技能の問題で，仕事上，不利な立場におかれる状況 2)大きな病気を抱える状況 3)介護が必要になる状況 4)失業し，思うように再就職が決まらない状況 5)仕事を引退してから日々の経済生活に困る状況 6)公立の学校(小・中・高)に安心して子どもを任せられない状況 7)経済的な理由で，大学，短大，専門学校への進学を子どもに諦めさせる状況
⑥居住地	首都圏・京阪神在住をベースにした地方在住ダミー

い―やや A に近い―やや B に近い―B に近い）で回答してもらった。後者については採用したのは、自分自身が望ましいと考える最高税率を具体的な数値で記入するという方法である。調査実施当時の最高税率は四〇・〇%だったが、望ましい税率はどれほどなのか、自由に回答してもらった。

興味深いと述べたのは、これら二つの回答いずれにおいても、「いまの世の中は不公平であり、とくに自分たちは不利な世代だと認識していた若者層ほど、再分配機能を弱めることにつながる低めの最高税率を望む」という、やはり不可思議な結果が調査データの分析で得られたからである。詳しく説明しよう。

行った分析は、最高税率について尋ねた二つの項目への回答に影響を与える要因が何か、順序ロジットならびに重回帰分析で検討するというものである。独立変数として設定したのは、基本属性ならびに暮らしやすさに関連すると考えられる六つの変数であり（**表7-2**）、具体的な結果が**表7-3**になる。

表にあらわれている結果の仔細をみれば、年齢（世代）以外にも、興味深い知見がいくつかあらわれている。とくに注目されるのは、世帯所得とリスクの二乗項にマイナスの有意な係数が確認されるという部分だ。ともに最高税率への意見との間に凸型の関係があるということであり、所得やリスクが「中ほど」の層で、望む最高税率は最高になることを意味している。なお、得られた係数をもとに推計すれば、求める最高税率が最も高くなるのは、世帯所得が五〇〇～六〇〇万円の世帯であり、七つあるリスクのうち、三つを抱えている層である。世帯所得がより低い層、より多くのリスクを抱えている層が最高税率を低めに答えるというのも奇妙な現象だが、これについては後述す

表 7-3　最高税率をめぐる態度の規定要因

	最高税率アップ賛成度(順序ロジット)	望ましい最高税率(重回帰)	
	係数	係数	標準化係数
女性ダミー	−.187**	−1.083	−.031*
年齢	.008**	.058	.049**
世帯所得	.054+	.501	.096 †
世帯所得 2 乗	−.008**	−.042	−.136**
短期高等教育卒ダミー	.156*	1.123	.028
大卒以上ダミー	.372**	3.690	.106**
リスク計	.100*	1.110	.130*
リスク計 2 乗	−.007	−.176	−.160**
地方在住ダミー	.105	−.489	−.014
_cut1	−1.920**		
_cut2	.008		
_cut3	1.918**		
定数		40.155	**
−2 対数尤度	10753.002		
Cox と Snell R 2 乗	0.033		
調整済み R 2 乗		0.015	

**p＜.01　*p＜.05　† p＜.10

る。

さて、ここで年齢の影響に議論を戻し、改めて結果を強調すれば、年齢には、(一)最高税率アップ賛成度、(二)望ましい最高税率、の双方でプラスの結果が認められる[2]。高齢者層ほど高い最高税率を望み、逆に若者層ほど望まない、というのは、まさにこの部分である[3]。では、この結果をどう解釈すればいいのか。さきにみた「税金と費用負担主体との間の溝」も踏まえつつ検討すれば、次の二つの可能性が指摘できるように思う。

第一は、若い世代の多くが税金というものを十分に理解していないという可能性である。支え合う社会を望みながら、あるいは社会の理不尽さを感じながら、それが税金という具体的施策（しかも、忌避感を覚えるような施策）となると、合理的な判断に至らない。こうしたストーリーは、年齢の影響について言及する前に触れた「世帯所得」や「リスク」の結果ともつながろう。社会的弱者が、目の前に広がる切羽詰まった生活ゆえに、誤った判断をしてしまう。さらなる税金が課されると誤解し、最高税率の上昇を「否」と答える。これには本章冒頭で紹介した税金への無関心も関係しているはずだ。難解であるために、税制改革が何を意味しているのか理解できない。税金教育の乏しさの先に生じた状況だとみることもできよう。

他方で、第二の可能性も考えられる。すなわち、無理解や無関心という次元ではなく、若者層がもはや「税金を伴った新しい社会の構築など望んでいない」というものである。

考えてみれば、若者層は「支え合う」経験に乏しい層である。日本の場合、バブル経済が崩壊する以前は、会社が社員とその家族を支えるという「会社主義」の状況が広く存在していた(4)。いい会社に入ればいい人生が待っていると信じることができた時代であり、少なくとも正社員になれば、手厚い福利厚生を受けながら、それなりの暮らしを実現することが可能だった。会社に尽くすことは、自分たちのためにもなる。お互いを信頼することで成立していた状況である。

しかしながらバブル経済崩壊以降、会社主義は脆くも崩れ去った。二〇～三〇歳代が社会人として働き始めたころである。大企業倒産にリストラ、ブラック企業という言葉がささやかれるような時代に「会社に守られる」「会社と支え合う」という感覚が育つことは難しいだろう。むしろ、会社がどうなろうと生きていくことができるように、自律的なキャリアを築くことが薦められるのが昨今である（金井 二〇〇二、高橋 二〇〇九、大久保 二〇一〇）。加えて指摘すれば、二〇～三〇歳代は、

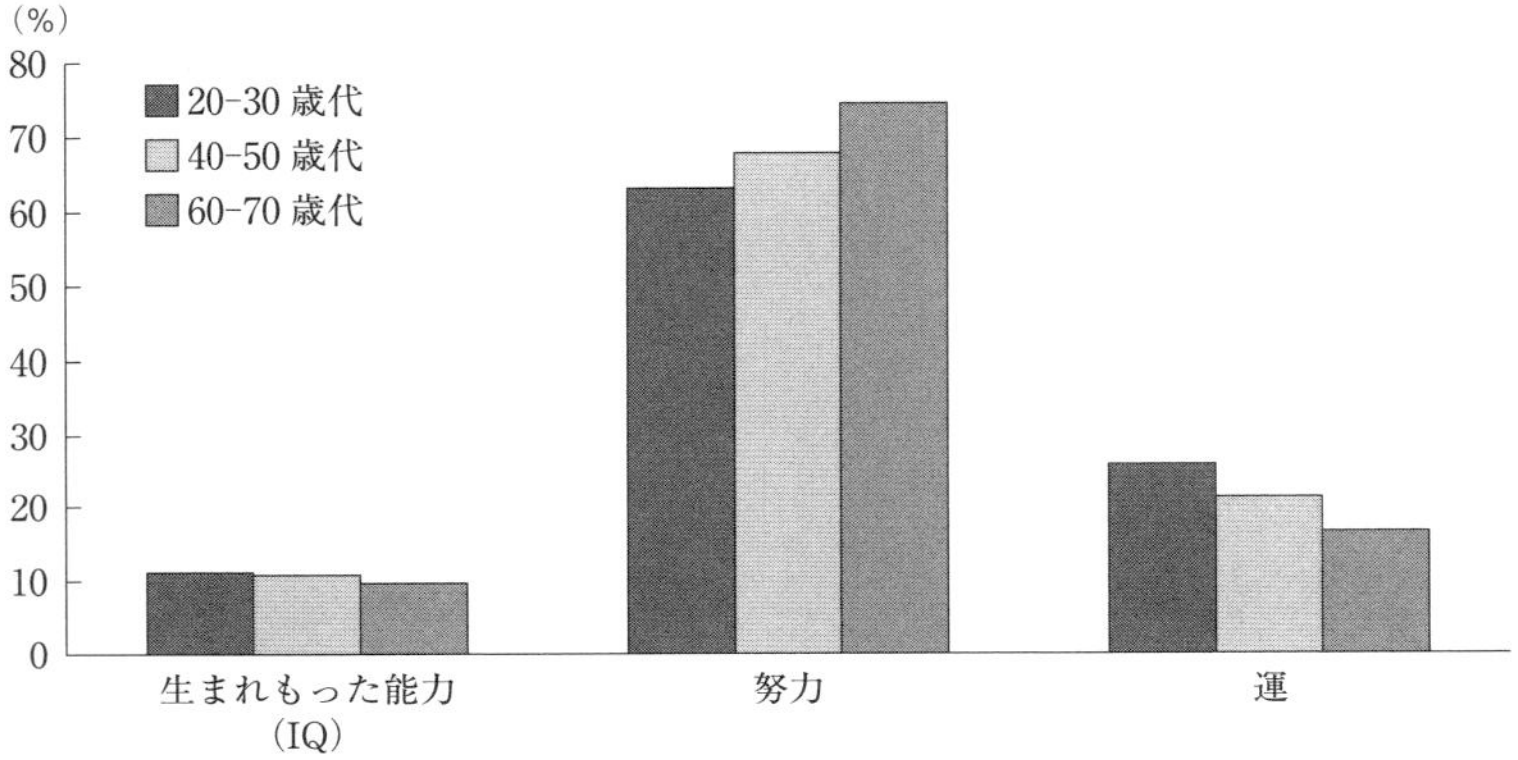

図 **7-4**　人生の成功にとって大事なもの

戦後しばらくの間、一部の層を席巻した社会主義という思想にほとんど触れることがなかった世代でもある。会社主義の恩恵を受けた記憶がなく、市場と小さな政府による社会をいかに築き上げるかといった議論を横目に育ってきた層において、誰かと支え合うという社会のイメージを描くことができないことがあったとしても、それは無理からぬところなのかもしれない。

4　政策設計以前の問題

私たちの調査からは、若者層をめぐるいまひとつの気になる傾向が見出せた。不透明な社会経済状況を背景としてのことなのか、若い世代の間で「努力の物語」の力が失われつつあるようなのだ。

図**7-4**をみてもらいたい。「いわゆる「人生の成功」にとって、あなたは次の三つのうち、どれが最も重要だと思いますか。(1)生まれもった能力(IQ)、(2)努力、(3)運」という質問項目に対する回答を世代別にみたも

のである。「努力」を選ぶ者の多さが目立っているが、同時に二〇～三〇歳代における「運」と答える者の比率も注目されよう。二〇～三〇歳代という、まさにこれからだというキャリア段階にある者のおよそ四人に一人が「人生は運だ」と割り切っている。経験や知識の乏しさゆえのことなのか、諦めているのか。あるいは、諦めざるを得ない現実を目の当たりにしているのか。いずれにしても、明るい道筋が描けない状況であることだけはたしかであるように思われる。

ただ、考えてみれば、若者たちの反応も当然のことなのかもしれない。というのは、努力をしようという気分になるのも、また、その努力が報われるのも、努力を評価してくれる「支え」があってのことだといえるからである。そして繰り返しになるが、今の日本では、「会社」と「家族」という支えが崩れつつある。

これからの社会を担う若者たちのためにも、今、改めて「支え」というものを強く意識し、新しい「支え合い」のかたちを探っていく必要があるのではないだろうか。そして、そのときに思考の起点とすべきは、やはり、「社会」や「政策」であり、より踏み込んでいえば、「税金という具体的な施策」をどのように操作するかという基本的かつ実質的な問いであろう。ただ、ここで悩ましい問題として立ち上がるのは、この「税金」という要素が議論に入り込むことによって、当の若者層の世論がとりわけ不安定な姿をみせるようになることだ。

世論をどのように解釈すればいいのか。税金の役割やさまざまな社会の姿について知ることで、若者たちの世論は変わるのではないか。ひいては、大学進学機会の保障をめぐる漠然とした期待が、増税という手段によって対応すべきものだという意見へとつながることもあり得るのではないか。

「世論＝参考にすべきもの」として無条件に現実の政策に結びつける前に、日本における世論の特質について吟味する必要があると考えられる。

注

（1）なお、調査実施後の二〇一三年一一月、二〇一五年から、新たに課税所得金額四〇〇〇万円超という区分が設けられ、ここに課せられる税率を四五パーセントにすることが示された。
（2）年齢についても、一乗項と二乗項の二つを投入した分析を行ったが、一乗項のみに有意なプラスの効果が認められるという点については、同様の結果が得られた。
（3）なお、大竹（二〇〇五）や篠崎（二〇〇五）など、経済学者たちの手によって再分配機能に対する意見の規定要因を検討した先行研究もあるが、これらにおいても、年齢が高いほど再分配機能を望むという傾向が見出されている。
（4）たとえば、福祉国家論が専門の社会学者エスピン＝アンデルセンは、かつての日本のありようについて、「日本における家族と福祉の現在の結びつきは、かなりの程度までその雇用規制の伝統的なモデルや高い経済実績、つまり、事実上の完全雇用や、男性にとっての終身雇用の保障、それに加えて高賃金と（労働力の約三分の一にとっての）きわめて包括的な追加的雇用手当とによって支えられていた」と指摘している（エスピン＝アンデルセン、訳書二〇〇〇、六頁）。

参考文献

G・エスピン＝アンデルセン、渡辺雅男・渡辺景子訳 二〇〇〇、『ポスト工業経済の社会的基礎――市場・福祉国家・家族の政治経済学』桜井書店。
大久保幸夫 二〇一〇、『日本型キャリアデザインの方法――「筏下り」を経て「山登り」に至る14章』日本経団連出版。

大竹文雄　二〇〇五、『日本の不平等――格差社会の幻想と未来』日本経済新聞社。
金井壽宏　二〇〇二、『働くひとのためのキャリア・デザイン』ＰＨＰ新書。
篠崎武久　二〇〇五、「再分配政策への支持を決定する要因――先行研究の結果とＪＧＳＳデータを用いた分析結果の比較」『ＪＧＳＳで見た日本人の意識と行動――日本版 General Social Surveys 研究論文集　４』(JGSS Research Series No. 1)、二〇五－二一八頁。
高橋俊介　二〇〇九、『自分らしいキャリアのつくり方』ＰＨＰ新書。
武川正吾　二〇一二、『福祉社会学の想像力』弘文堂。
三木義一　二〇一五、『日本の納税者』岩波新書。

第8章　「教育劣位の不平等社会」のための生涯教育政策

矢野眞和

1　不平等と教育——世論と政策を結ぶ二つの回路

アメリカの不平等に関する研究と報告は数多いが、一八九〇年から二〇〇五年にわたる長い時間を視野に入れて、「教育と経済の関係」を実証的に解明したゴールディンとカッツの著書は知的刺激にあふれている(Goldin and Katz 2008)。アメリカの二〇世紀は、二つの時代に分けられるという。前半の四分の三世紀と後半の四分の一世紀である。一九七五年までの前半は、経済が成長した「平等化の時代」だった。同時にこの時代は、「平等主義」「公的支援」「地方分権」「開かれた寛容主義」という徳目に支えられた公教育の歴史とともにあり、教育が平等な社会システムを構築する要になっていた。それに対して、後半の四半世紀は、停滞した経済下における「不平等の時代」に変質した。こうした時代を一貫して動かしてきたエンジンが、教育である。生産力を向上させるエンジンのパワーは、機械よりも人間の力が大きく、人間は資本なのである。この資本の質を向上させているのが教育である。二〇世紀の前半の間、アメリカの中等教育も高等教育も広く社会に開かれていた。人的資本ストックの急速な拡大によって、スキルを必要とする労働需要に十分に応えることができた。平等化の時代は、教育の世紀だった。ところが後半には、教育機会は固定化の方向へ傾き、教育の成長も鈍化した。そのため、情報技術などの新たに高まるスキルの需要に応えられず、スキルのある者とない者の間の格差は一層拡大した。それが不平等化の原因であるという。一〇〇年あまりの実証分析を踏まえて、①高校段階でのドロップアウトをなくし、②高等教育へのアクセスを高めるための財政的支援の必要性が強調されている。

アメリカのみならず、二〇世紀後半から二一世紀の世界は、不平等化する経済社会を共有している。そして、経済の不平等化は、教育機会の不平等化、および大卒と高卒の間の所得格差の拡大として現れる。経済協力開発機構（ＯＥＣＤ）の報告書は次のように指摘している（ＯＥＣＤ編 二〇一三）。「二〇〇〇年から二〇一一年の間、後期中等教育未修了者の相対所得は、ほとんどのＯＥＣＤ加盟国で減少した。〔中略〕この傾向に対して、同じ期間の間、高等教育修了者の相対所得は、ほとんどの国で上昇した」という。つまり、低い学歴の所得が減少する一方で、高学歴の所得は上昇する傾向にある。

アメリカ社会の不平等化は、二〇世紀後半（一九七五年頃から）の特徴だが、同じ波が日本に押し寄せたのは、一九九一年のバブル経済の崩壊以降のことである。とくに九七年不況のあとは、ほぼゼロ成長の時代が長く続いている。しかし、平均のゼロ成長は、みんなのゼロ成長ではなかった。プラス成長組とマイナス成長組に大きく枝分かれした結果の平均のゼロ成長である。一九九八年の『日本の経済格差』（橘木 一九九八）と二〇〇〇年の『不平等社会日本』（佐藤 二〇〇〇）が論壇をにぎわしたのは記憶に新しい。不平等という言葉よりも格差という言葉が好まれ、「格差社会」論争は、さらに活発になり、大きな政治的イシューになった。現在もさらなる不平等化が着実に進行している。

不平等化する要因の解明と不平等の是正策については、学界でも多くの解釈と提案が重ねられてきた。しかしながら、不平等を是正する政策が、優先的に選択されているという政治状況にはない。むしろ、不平等を拡大させる政策が取られているようにもみえる。なぜ、そのような政策選択になるのか、とても不思議な気持ちになる。しかし、一方で、不思議な気持ちになるという意見が理解できないとする反論もあるだろう。そもそも世の中に不平等が存在するのは当然のことで、自分の努力を忘れて他人や社会のせいにするのが間違っている。こういう意見の賛同者も少なくない。不平等の証拠を実証的に示すことは大事だが、不平等を是正する政策を考えるためには、不平等に対する世間の考え方や意識、つまり世論を知っておく必要がある。

そこで本章では、不平等感をめぐる世論から話をはじめ、教育政策のあり方を検討してみたい。ところが、世論と政策がどのように結びついているか、あるいは、どのように結びつけるのが望ましいか、という問いはかなり悩ましい問題だ。世論と政策を結ぶ回路がよく見えないからである。その回路を試行錯誤的に探索するために、次の二つの経路を想定しながら議論をすすめることにしたい。一つは、不平等感と政策を結ぶ政治の回路である。いま一つは、不平等と経済と教育をむすぶ合理的思考の回路である。これらを踏まえて最後に、政治回路と合理回路を対比させながら、教育政策のあり方を提案したい。

表 **8-1**　不平等感(%)

A	Aに近い	ややAに近い	ややBに近い	Bに近い	B
その人の努力次第で恵まれない状況は改善するはずだ	10.5	43.6	36.9	9.0	恵まれない人がいるのは社会のあり方に大きな原因がある
所得や地位の格差は，社会にとって必要なものだ	6.4	36.2	46.7	10.9	所得や地位の格差は，できるだけなくしたほうがいい
いまの若い世代がとくに恵まれていないとは思わない	21.7	43.5	25.6	9.2	いまの若い世代はとくに恵まれていない
いまの世の中は，公平だ	2.4	25.4	51.4	21.1	いまの世の中は，不公平だ

2　不平等感と政策を結ぶ政治の回路
――政党に届きにくい不平等感

まず、人々が社会の不平等についてどのような意識をもっているかを確認しておこう。一般的な不平等感について、表**8-1**のような質問をした。右サイドのBは、不平等の存在を悪いものと認識し、是正するのが望ましいと感じている意見である。逆にAは、不平等を深刻な社会問題だとはあまり感じておらず、むしろ自己責任的要素が強いものとして認識している意見である。この二つのどちらに近いかを答えてもらった結果の%分布である。「恵まれない人がいるのは社会のあり方に原因がある(B)」と感じるのは、「近い」「やや近い」をあわせて四六%である。逆に、「努力次第で改善するはずだ(A)」に近いのは五四%。ほぼ半々だが、「いまの世の中は不公平だ」と七三%の人が思っているから、社会的矛盾があるにしても、個人が努力するのが先だろう、という気分の人が結構多いことになる。個人の努力のみならず、「格差は社会にとって必要だ(A)」と積極的な不平等肯定者が四三%を占めている。

一つ一つの回答よりも、四つの質問に対する全体の反応パターンに着目しておきたい。「Aに近い」の一点から「Bに近い」の四点までに数値化して、四つの項目を合計した数値を「不平等感指数」とする。すべて「Aに近い」と回答した者(＝四点)は、不平等現象を社会問題だとまったく考えてないことになる。そういう回答はさすがに少なく〇・四%だが、五点だと一・一%いる。逆に、すべて「Bに近い」と回答した者(一六点)も一%にすぎず、一五点も一・八%である。極端な平等感と不平等感の間に、「やや近い」を選択した多くの者が真ん中に集中している。この不平等指数の分布を示したのが、**図8-1**である。平均値を一〇・二として、かなり正規分布に近い。

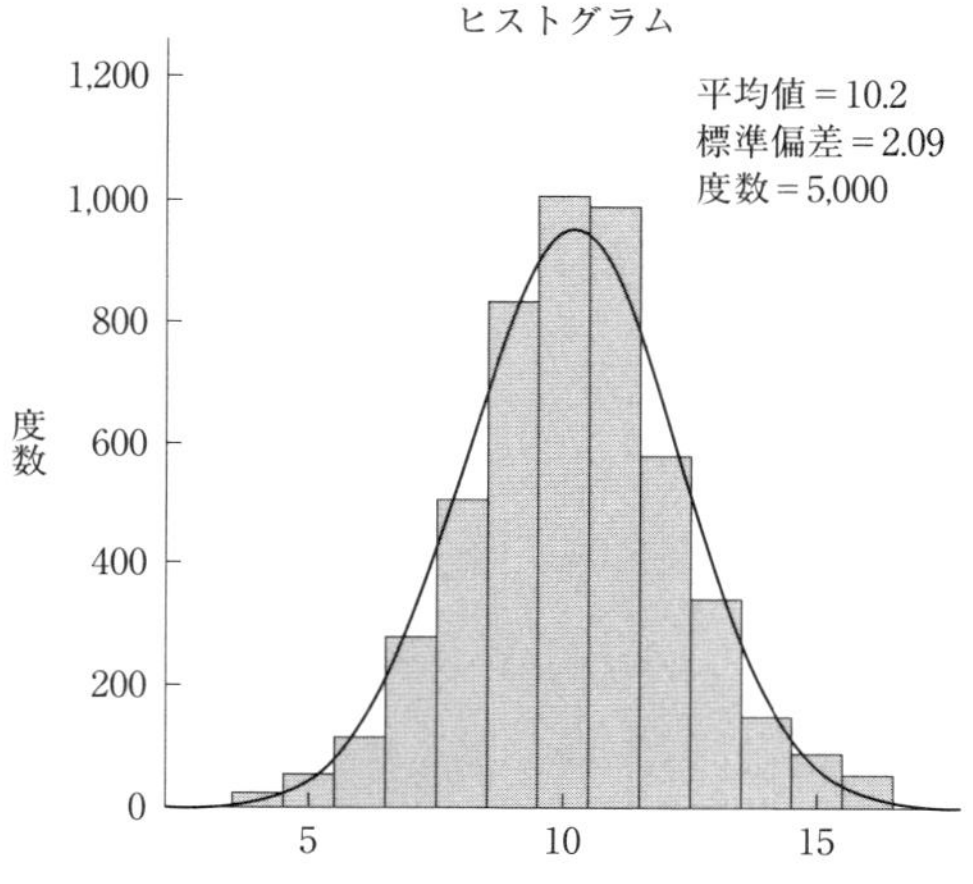

図**8-1**　不平等感の分布

中間層が多い分布を考えると、現在の社会状況を「深刻な不平等社会」と認識しているタイプはそれほど多くないのかもしれない。四項目ともに三点以上(ややBに近い)を回答すれば、一二点以上になる。不平等を社会の責任だと考える社会責任派といえるタイプで、全体の二四%になる。逆にすべてが二点以下の自己責任派は、一九%である。残りのほぼ半分は、Aに振れたり、Bに振れ

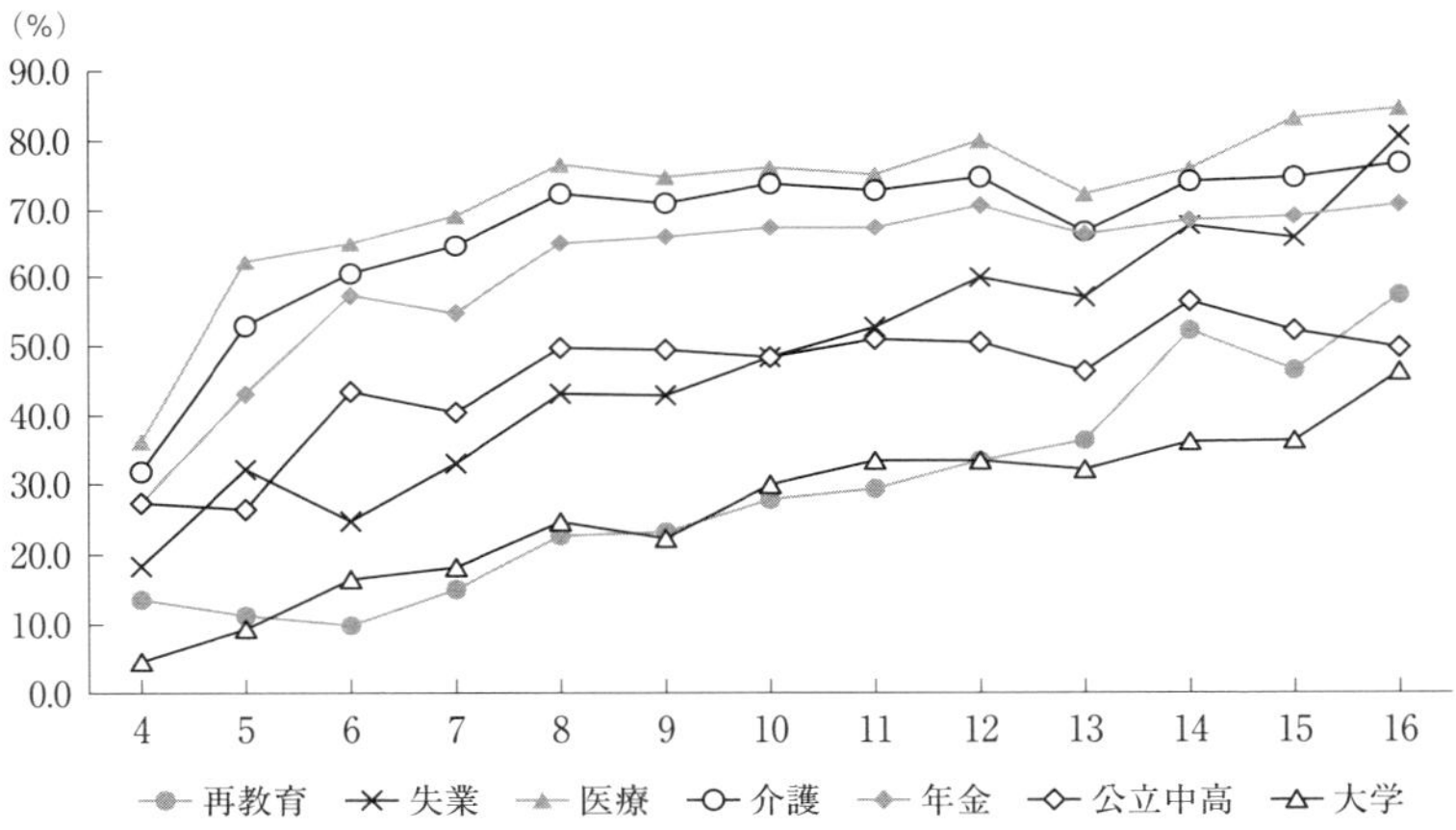

図 8-2　不平等感指数別にみた増税是認の積極的支持率

たりしている。まとめれば、四人に一人のグループが、社会責任派と自己責任派の二つに分かれて拮抗し、全体の半分は、中間派として、左右に振れている感じになる。

次に、この不平等感指数が政策の意識とどのようにつながっているかを見てみよう。「税金が増えてもいいから積極的に進めるべきだ」と考えるか、「税金が増えるなら積極的に進めなくてもよい」と考えるか。この質問と不平等感の関係で把握したのが図 8-2 である。四件法の質問だが、ここでは「どちらかといえば」を含めた「積極的推進」の支持率を示した。

全体の傾向として、不平等感が強いほど「積極的推進」を支持する割合は高くなるが、教育の優先順位が低いことには変わりはない。そして不平等に対する社会責任の意識が強い層ほど、「大きな政府」による社会的支援に賛成している。そして、個別の政策に分けて考えれば、次の三つの特徴が指摘できる。第一に、「介護」・「医療」・「年金」は、強い自己責任派(図の左側)を除いて、ほとんどのグループが増税してでも積極的に推進することに賛成している。第二は、不平等感に応じて、「失業者の就職支援」が一八%支持から八一%支持までに急増していることである。非正規社員のための「再教育」も、一四%から五八%に増加している。社会の不平等感に強く関連しているのは、「雇用問題」だといえる。第三に、教育分野の「公立中学・高校の整備」は、不平等感とあまり関係はないが、「大学進学機会の確保」は、五%から四六%まで幅がある。しかし全体的に、不平等感が強くなるほど雇用問題が優先され、教育問題は三の次という位置にある。不平等と教育が政策的に結びつきにくい背景には、こうした世論の意識があるといえる。

教育のポジショニングについてはあとで再び検討するが、不平等感指数の特徴について、いま少し分析を深めておきたい。一つは、不平等感の違いをもたらしている要因の分析。いま一つは、不平等感と投票行動との関係である。

前者については、社会階層との関係を取り上げた。クロス集計によると不平等感と年齢は、直線的な関係にはない。年齢とともにやや上昇する傾向にあるが、五〇歳前後が最も大きく、六〇代、七〇代になると逆に減少するからである。世代別にみると七〇代の不平等感スコアが一番小さいのは少し意外である。高齢世代ほど自己責任感が強いともいえるし、恵まれた年金生活者や貯蓄の多い高齢者が結構いるためかもしれない。性については、女性のほうが男性よりもやや社会責任を重視する傾向にある。この二つに加えて、学歴、世帯所得、社会階層の影響をみるために、不平等感を従属変数とする重回帰分析を行った。分析結果は省略するが、第4章で紹介した社会意識とほぼ同じような傾向にある。

興味深いのは、世帯年収が大きいほど不平等感が小さくなる(自己責任派が増える)が、学歴の影響はみられないことである。不平等感が学歴にまったく関係がないというのは、意外な結果だが、第4章の結果と整合的である。職業の影響では、社会責任よりも自己責任が高くなるのは、専門管理職である。逆に、社会責任派が多いのは、仕事を主としながら契約・パートの職にある階層、および失業中の階層である。仕事を従としている契約・パートは、不平等指数と無関係である。雇用機会に恵まれているか、いないかが、不平等感の主要な決め手になっていることがわかる。

この分析の一番大きな特徴は、第4章と同じように、回帰分析の説明力が小さく、三・一%にすぎないところにある。不平等感が社会階層によって強く規定されているというよりも、階層によって平均値が少し動くけれども、階層別の不平等指数の分布が大きくずれることはなく、重なっている。漠然とした不平等感のばらつきが、世論と政治の回路を見えにくくしている。政治政党が、ある階層、ある集団をかなりはっきり代表していれば、世論を政治に結びつける回路が見えやすくなる。代表する集団が見えにくいと政党の意思も政策戦略も曖昧になってしまう。では、世論と政治との回路を明らかにするために、不平等感と投票行動の関係をみてみよう。

今回の調査では、小泉内閣の圧倒的勝利になった「郵政選挙」(二〇〇五年衆議院選挙)と「政権交代」をもたらした二〇〇九年衆議院選挙について、どの政党に投票したか(比例代表)を質問している。自民党から民主党への大転換と投票行動の分析は、政治学者の研究にお任せするとして、ここで着目しておきたいのは、不平等指数との関係である。

小泉内閣は、「民にできることは民にまかせよ」をキャッチフレーズに、民営化、規制緩和、小さい政府という新自由主義の考え方を徹底させた。その象徴が郵政の民営化だった。国立大学の法人化と補助金(運営交付金)の削減がはじまるのもこの頃である。郵政選挙には圧勝したものの、それ以降「格差論争」が活発になり、不平等の認識と不平等に対する考え方が政治の争点になった。不平等の是正だけで政局が動いたわけではないが、「コンクリートから人へ」という旗を掲げた民主党が劇的な政権交代をもたらした。「子ども手当、高校授業料の無償化、社会保障と税の一体改革」というマニフェストは、公共事業重視から人間重視に変えようとする政策の大きな柱だった。高校授業料の無償化という政策が浮上し、しかも実現するとは私は思ってもみなかった。政治によって政策が大きく変わる、変えられるという貴重な事例だろう。しかし、民主党の未熟な政治運営力が重なり、マニフェストの退却と修正が繰り返され、再び自民党一党支配に戻ったのは周知のとおりである。

さまざまな政局事情が重なった顚末とはいえ、「格差論争」を一つの争点として政権交代が実現したのは確かである。そこで、不平等感指数と投票行動がどのように関係していたかをみておきたい。図**8-3**に、投票した政党別に不平等指数の平均値を示した。郵政選挙と政権交代選挙による違いもあわせて表示している。

不平等指数の平均値は一〇・二である。自民党の投票者は、二つの選挙ともに平均値を下回る(郵政九・九、政権九・八)。それに対して、民主党と公明党は、平均よりも〇・一ほど大きい程度であり、両党に差はみられない。この図からすれば、公明党が民主党ではなく、自民党と連立している理由が分からない。この三つの党に比べると社民党と共産党は、二つの選挙ともに指数が一ポイント前後になり、不平等を憂慮し、不平等の是正を求める意識が強いグループに支持されている。

政権交代による変化をみると、社民党以外は、図の下のほうにシフトしている。つまり、自民党も民主党もともに、社会責任よりも自己責任を重視する方向に動いたことになる。格差社会論争の結果として、自己責任を強調する自民党から社会責任を強調する民主党に政権が交代したという雰囲気になっていない。民主党は政権交代前よりも、自己責任派を増やしているからである。こうした結果になるのは、二つの選挙の投票行動をクロスすればよく分かる。調査回答には、調査時に選挙権がなかった者、投票先を忘れた者、無回答、および棄権者が含まれているので、これらを除いて集計すると政権交代時の民主党投票者は、全体の五九％を占めている。ところが、その内訳をみると、郵政選挙でも民主党に投票していた者は、半分に満たない。二つの選挙ともに継続している民主党支持者に匹敵しているのが、前の郵政選挙で自民党に投票していた者である。民主党に投票した五九％の内訳を示すと、郵政選挙からの民主党支持組二七％＋自民党からの変更組二七％＋他の政党からの変更組五％である。つまり、民主党の政権交代は、自民党の支持者離れに

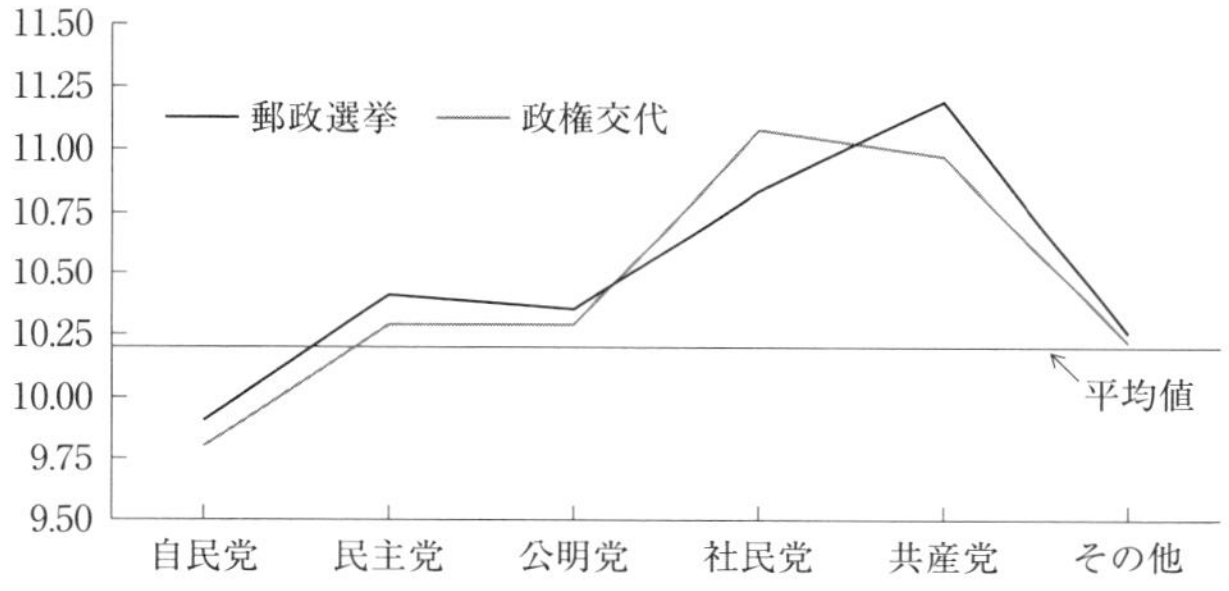

図 **8-3**　比例代表で投票した政党別にみた不平等感指数の平均値

よる結果だったといえる。したがって、不平等感指数の比較的小さい自民党支持者が民主党に移動したために、民主党全体の不平等指数が低下した。自民党の指数が低下したのは、自民党の中では不平等感の強い層が民主党に移ったからである。数は少ないが、共産党支持者からの民主党参入もあり、共産党のスコアが低下した。

このような変化にみるように、民主党政権は、野党時代よりも左右に幅広い層からの支持を得たことになり、当選した政治家の考え方も多様化していた。党内の意思統一が難しくなるのもやむをえないだろう。図の分布からみれば、社民党と共産党の支持基盤は比較的分かりやすいが、支持者の数を確保するのに苦慮している。民主党の基盤は、平均値の近くにばらついて、特徴がつかめず、分かりにくくなっている。公明党は民主党と同じ不平等感を抱きながら、自民党と連立政権を組んでいるからますます分かりにくい。民主党に比べれば、自民党のほうが自己責任派に傾斜しており、理解しやすい。全体の平均値と自民党支持者の平均値との距離を尺度にすれば、自民党に対抗する政党は、一〇・五ポイントに近い位置にあってもいいように思われる。ところが、民主党は平均に近すぎ、社民党と共産党は一一・〇ポイントまで離れすぎている。不平等感が政党に届きにくくなっているのは、こうした政党の位置によると解釈できる。

単純な平均値の比較だが、それぞれの政党支持者による指数の分布をみると、不平等感と政治を結ぶ回路が曖昧になる理由と政党政治の難しさが分かる。先に、自己責任派と中間派と社会責任派の三分類を紹介したが、この三つの分布をみると自民党であれ民主党であれ、中間派が圧倒的に多い。自民党に自己責任派、民主党に社会責任派がやや多いのは確かだが、ともに、中間派が五五・

三％から五六％の間を動くにすぎないことが分かる。社会的属性の規定要因と同じように、政党による平均値に差があっても、分布はかなり重なっている。この重なりが、政策の世論と政党政治がどのように結びついているかという回路を見えにくくしている。

３　教育世論の経路依存性、あるいは世論の失敗

第３章で説明したように、教育劣位の意識は、子ども中心の教育観と一体になっている。義務教育を中心とした子どもの教育は、比較的重視されているが、子どもが大きくなるにつれて、教育政策の優先順位は低くなる。子どもの最終コーナーといえる大学になると、税金を投入する対象としては、はるかに劣位の政策になる。そこで、教育の費用を公的負担にするのが望ましいと考えている者の割合を少し詳しくみてみよう。

「子育て」「大学教育」「キャリア向上のための教育訓練」「失業者の再就職」の四つの費用負担について、「社会が負担すべき」と「個人が負担すべき」のどちらに賛成するかを質問した。社会負担に賛成する者の割合を「公的負担の支持率」として、不平等感指数の関係を図示すると図**８-４**のようになる。

不平等の自己責任感が強い層は、公的負担よりも私的負担をはっきり主張している。とくに、大学教育とキャリア向上の教育は、一割ほどしか公的負担を支持していない。いずれも不平等感が大きくなると公的負担支持者の割合は上昇する傾向にあり、教育と雇用問題は、不平等感と深くかか

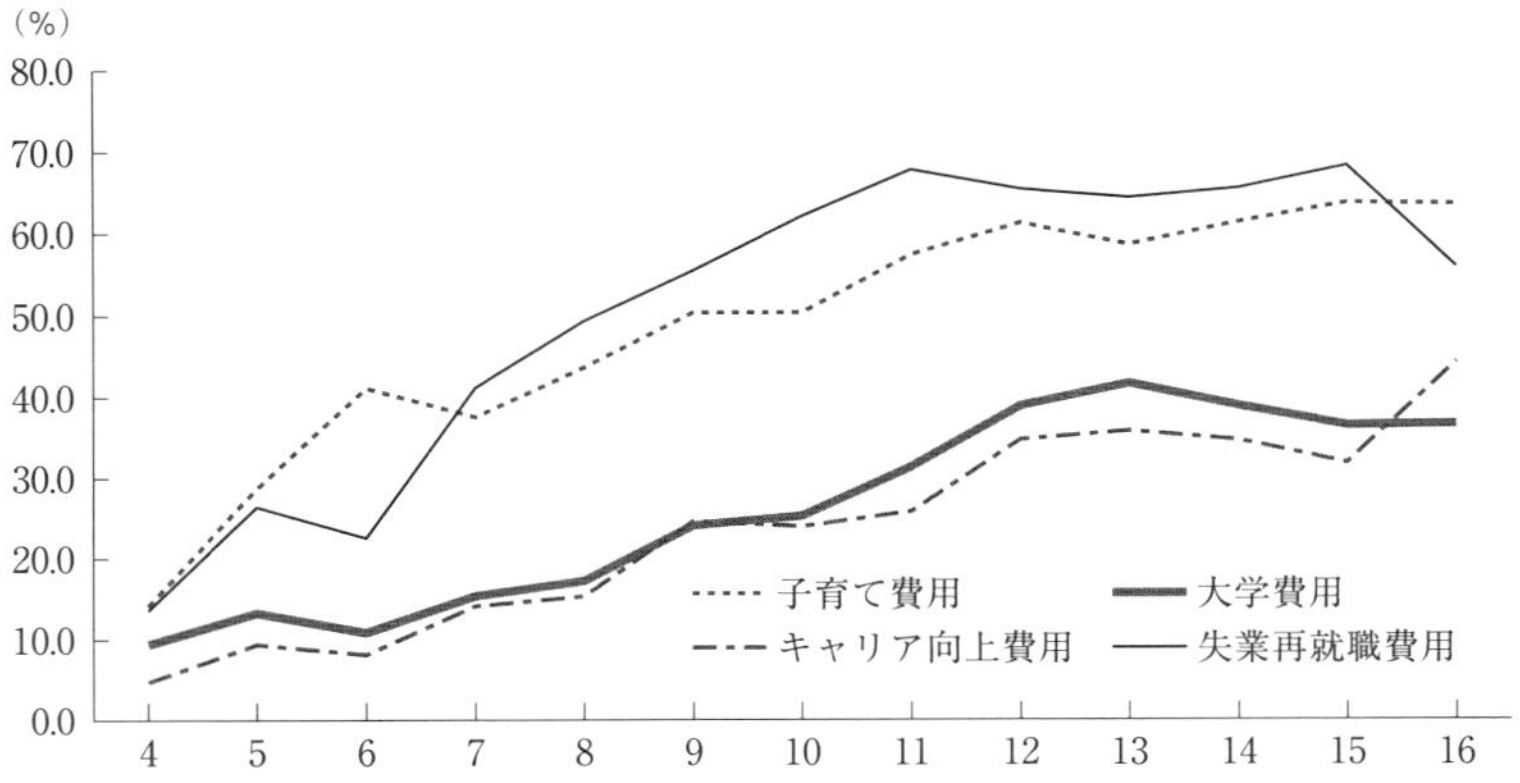

図 **8-4**　不平等感指数と公的負担の支持率

わっている。同時にはっきりしていることは、「子育て」と「失業」の公的負担支持率が高く、「大学教育」と「キャリア向上」の支持率が低いことである。前者のペアは、不平等感の中間派から社会責任派までの半分以上が、公的負担を支持している。それに対して、後者の二つはほぼ同じようなカーブを描き、社会責任派でも半分の支持に達していない。「大学と社会人の教育」は、個人の問題であって、社会の問題だと理解されていない。

政治政党からすれば、子育てと失業対策は選挙の得票に関係するが、大学と社会人教育は票になりそうもなく、選挙の話題にならない雰囲気である。政権交代選挙による政党別の公的負担支持率をみると、「子育て費用」が自民党と民主党の間でかなり違っている。民主党に投票した者の五五%が子育て費用は公的負担が望ましいと回答しているのに対して、自民党は四五%である。五〇%を境に二大政党が対峙したかたちになっている。かなり微妙な論争になるテーマだといえる。民主党の「子ども手当」がマニフェストの柱になるとともに自民党政権時代の児童手当の実績との綱引きが激しかったのも、こうした微妙な政策の位置と無関係ではないだろう。失業対策費の公的負担は、民主党六三％に対して、自民党も五九％と高い支持率になる。一方、大学費用は民主二六％、自民二四％とともに低く、キャリア向上費用も、民主二三％、自民二四％にすぎない。

大学や社会人の教育と違って、子どもに対する社会の関心は強く、しかも少子化で人口が減少している時代である。子育て世論が政治に届く回路は、かなり見えやすくなっている。政治の回路だけでなく、経済合理的な回路としても、幼児教育の重要性が最近になって大きな話題になっている。幼児教育の投資効率が極めて高い事実を明らかにしたことで有名なのが、ノーベル賞経済学者ヘックマンである（ヘックマン 二〇一五）。就学前の幼少期の環境がその後の未来を大きく規定するから、恵まれない子どもの幼少期の生活を改善する政策は、将来の労働生産性を高める効率的な投資であり、その結果、生涯にわたる社会の不平等を低減することになるという。政治回路と合理回路の方向性が一致すれば、政策の実現性も高くなる。ヘックマンは、就学前の教育介入を非常に高く評価する一方で、思春期以降の教育や職業訓練プログラムは、効率が悪いとして悲観的である。これについての異論とコメントも（ヘックマン 二〇一五）に掲載されている。わが国も子どもの貧困が大きな社会問題になっているだけに、情緒的な救済論ではなく、合理的な論理と日本の現状についての実証分析が不可欠だといえる。

子育ての領域から学校教育段階になると劣位になるが、いうまでもなく、国民が教育の現状に満足しているわけではない。それどころか、学校教育に対する不満と不安は大きい。しかし、不満を政治回路にのせて解決するのは諦めて、わが子だけにはよりよい教育機会を与えたいと切実に願っている。教育劣位社会の裏にあるのは、教育を最優先して家計をやりくりしている「教育優位家族」である。教育財政の劣位についてすでに紹介したが、塾やお稽古事や私立学校に支出する家計の教育費を公財政支出に加算すれば、日本の総教育費はOECD諸国の平均に近くなる。教育を家族の最優先課題にして、家族で教育問題を解決している姿は、家計の財務構造にはっきりと現れる。私は教育が家計に及ぼす影響を分析した経験があるが、食費を節約してでも教育費を捻出し、貯蓄を切り崩して、わが子を大学に進学させている。

教育優位家族は、大学進学を最優先した大学優位家族である。塾などの教育にお金をかけるのも、貯蓄をするのも、大学進学のためである。貯蓄するのが難しければ、進学を断念せざるをえなくなる。この努力の結果が現在の大学進学率五一%(男子五六%)である。家族の半分ほどは、家計の教育費問題を切り抜けているが、残りの半分は大学進学を断念しているようである。この数字だけから進学/非進学を二分するのは乱暴だが、家計所得によって進学機会の開かれ方が大きく左右されているのは間違いない。詳しくは拙著を参考にしてほしい(矢野 二〇一五)。

大学進学機会の経済的不平等が大きな社会問題だと考えている私は、大学教育費の「家族責任主義」ないし「親負担主義」がここまで広く社会に浸透している事実に驚かされている。しかし、世論を政治に結びつける回路からすれば、大学教育費の負担構造が変わる可能性はなさそうである。高い授業料が社会問題化しない一つの理由は、国公立大学の存在にあると私は考えている。国公立大学の年間授業料は五五万円ほどで、私立の学生納付金の半分ほどである。国公立大学の低授業料政策が、大学進学機会の平等化に貢献していると一般に考えられている。学力があれば、授業料の安い国公立大学に進学すればいい。国公立に進学できない学力であれば、無理をして大学に進学しなくてもいい。学力がないのに進学したいのなら、自分で資金を調達して、私立大学に行けばいい。これらが、大学教育費の自己負担に賛成する人たちの本音の心情ではないだろうか。こうした本音の底流にあるのは、有能な人だけ大学に進学すればよいと思っている育英主義的な大学観であり、学力に関係なく大学に行くような大衆大学はムダだとする大衆大学無効説である。

有能者を優先する育英主義的大学観は、日本の高等教育制度の歴史とともに古い。戦前・戦後を通して変わらない日本の文教政策の根幹は、次の二つに集約される。一つは、民衆教育の充実に取り組んだ初等・中等教育（とくに義務教育）への積極的な投資である。明治から大正にかけての就学率の上昇と義務教育の充実は、日本の近代化に大きく貢献した。いまひとつが、帝国大学にはじまる、一部のエリート大学優先の高等教育政策である。民衆の基礎的能力と国家のためになるリーダー養成の二本柱、つまり義務教育と帝国大学が、後発国である日本の教育戦略だった。したがって、この二つの柱に含まれない教育分野に対して、政府はあまり関心を払ってこなかった。この忘れられた領域が、大衆のための高等教育である。それを担ったのが、戦後の私立大学であり、その前身が戦前の私立専門学校である。忘れられた私立専門学校の歴史を掘り起こし、帝国大学中心の大学史研究を批判した天野は、「帝国大学は国家のためにあり、私立専門学校は民衆のためにあった」と指摘している（天野　一九八九）。戦前から一貫して、公的負担による民衆のための教育は、初等中等教育までで十分だと考えられてきたのである。

昔の話を誇張しているわけではない。この構図は現在の大学改革にも受け継がれている。税収入の増加に貢献している私立大学の国庫補助金を増やすことを考えないし、国立大学については、国の補助金(国立大学法人の運営交付金)を毎年一%削減し、国家のために役立つ有力国立大学と、そうでない国立大学を差別化しはじめた。選別した大学に税金を集中的に配分して、全体を牽引する機関車を作るという発想は、明治から変わらぬ開発国家型の教育戦略である。そして、この選択と集中という名の高等教育財政は、大学教育費は私費で負担するのが当然と思っている世論と結果的には同じになる。教育劣位の財政構造と教育優位家族、つまり政府と国民は、「意図せざる結託」をしていることになる。この意図せざる結託が、私立大学に依存した高等教育システムを変えずに維持する力になっている。

しかし、大学教育費政策に対する国民の世論は、国民が熟慮したうえでの民意だとは思えない。長い歴史的な経験が当然のように引き継がれ、戦前からの高等教育政策の歴史的経路に依存して記憶された世論だろう。経路依存性の慣習でなければ、世論の失敗だといえる。大学教育費の家計負担を軽減し、無償教育の漸進的導入を求めるという意見が、世論の多数派に届きそうにないのは確かである。世論と政策の政治回路からすれば、大学教育の劣位はこれからも変わらないようにみえるが、変化の可能性はないのだろうか。

4　文化に埋め込まれた合理的な回路

本書で分析した世論調査によれば、不平等感と学歴が無関係だったり、教育に対する不平等意識は雇用問題の陰に隠れたり、大学政策の現状維持派が多数派だったりしている。けなげな教育優先家族のおかげで、政府の教育財政支出が削減されている。効率的な小さな政府だから、世論の失敗ではなく、世論の成功だという人もいるだろう。しかし、現実の不平等と教育は密接な因果関係にあり、雇用問題を解決する重要な柱が教育なのである。冒頭に紹介したゴールディンとカッツの著書は、アメリカの不平等社会を是正するために、教育投資を優先する公共政策が必要であることを、合理的な思考の帰結として提案したものである。世論の政治回路を離れて、合理的な回路から不平等と教育の関係を確認しておこう。

不平等問題の所在を合理的に理解するためには、教育の不平等と経済の不平等の関係を解明することからはじめるのが賢明である。この関係には二つのベクトルがある。一つは、経済の不平等が教育機会の不平等に与える影響である。子どもの貧困が学ぶ機会の不平等をもたらしている事実をはじめとして、この分野については多くの研究蓄積がある。とりわけ、私立セクターに依存した日本の大学システムは、無償教育の漸進的導入という「経済的、社会的及び文化的権利に関する国際規約」から遠くかけ離れており、高校生の進路選択は、経済的不平等の影響を強く受けている。

逆のベクトルもある。教育が経済の不平等に与える影響である。子どもの貧困が深刻なのは、教育機会に恵まれないだけではない。恵まれない教育体験が、その後の雇用機会や生涯のキャリア選択を狭め、経済の不平等を大きくさせる。この「教育→経済」という二つ目の因果関係が明らかにされてはじめて、教育の不平等と経済の不平等の関係がリアルに把握できるようになる。

大学教育に話を絞れば、高校生の進路選択を検証するのが「経済→教育」関係であり、卒業後の学歴と所得の関係が「教育→経済」になる。前者が機会の平等性であるのに対して、後者は、教育の効率性である。大卒と高卒の所得格差が、効率性の尺度であり、学歴間の不平等性の尺度であり、同時にそれが、結果の不平等性になる。この不平等が行きすぎていると考えれば、高卒者の数を減らし、大卒者の数を増やすのが合理的である。不平等の時代は、教育投資が効率的な時代である。

逆に、労働市場が大卒を必要としていないところで大卒者の数が増えれば、大学に進学するメリットは小さくなる。大学が大衆化すれば大学に進学する価値がなくなるという説は、大卒の労働需要よりも大卒の数が多すぎると考えているからである。こうした世間の通説とは裏腹に、二一世紀の日本も、国際的潮流と同じように、学歴間格差が拡大する不平等社会になっている。

言葉ではなく、一つの数字を紹介しておこう。**図8-5**は、男子二五歳から三四歳までの二つのグループ、および六〇歳未満の労働者全体について、高卒を一〇〇にした大卒の相対所得を示したものである。従来三〇歳前後まで、学歴間の処遇に大きな差をつけないのが、日本的経営の年功的処遇だった。ところが二一世紀に入ってから、二〇代後半では、一一〇から一二〇にまで急上昇している。それまでの大卒所得は高卒の五%から一〇%ほど多い程度だったから、かなり大きな変化である。労働者全体の平均からみれば、一九七三年から八〇年までの間は、一三〇から一二五に減少しており、平等化の傾向にあった。ところが、一九九一年のバブル経済の崩壊以降に格差が拡大に転じて、二一世紀に入ってからは一三〇から一四〇までさらに拡大した。この学歴間格差の変化が、不平等化社会の一つの断面である。

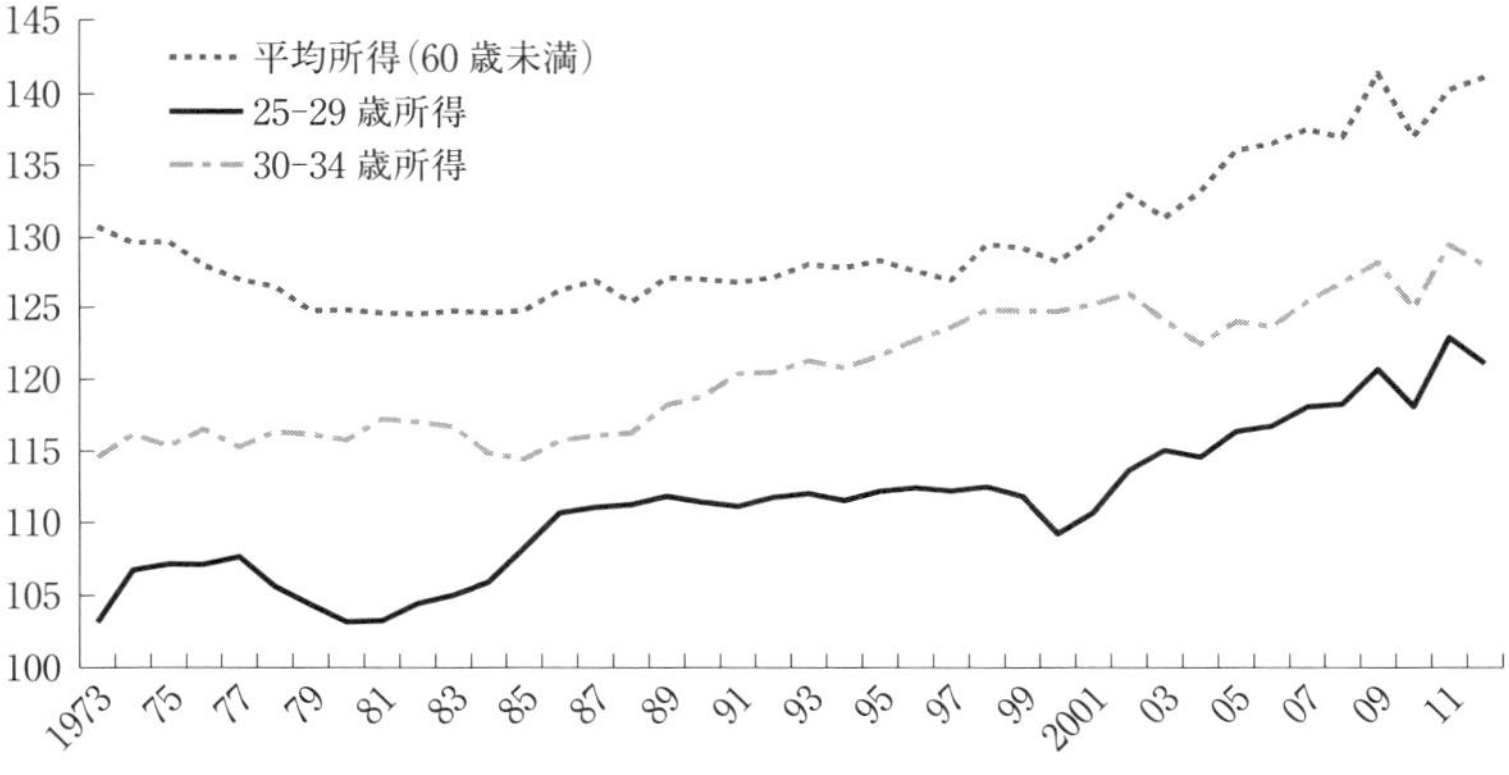

図 **8-5**　大卒男子の相対所得（高卒＝100）（『賃金構造基本調査報告書』の各年版より作成）

このデータからもわかるように経済合理的に考えれば、大学教育に投資するのが効率的であり、その成果として、「結果の不平等」が是正される。つまり、学歴間格差が平等化する。日本の実情に即して実証的な分析結果は、それを裏づけている。にもかかわらず、二つの誤った通念――教育無効説と大衆大学無効説――によって、教育に税金を投入するのはムダだと思い込まれている（矢野二〇一五）。

この領域における日本の実証研究は少ないが、アメリカの研究蓄積は膨大である。翻訳されている最近の著書を紹介しておくと、都市経済学者であり労働経済学者であるモレッティの『仕事の新地理学』（翻訳タイトル『年収は「住むところ」で決まる』）が興味深い（モレッティ 二〇一四）。「雇用とイノベーションの都市経済学」がテーマだが、都市の成長と衰退の背後にあるのは、不平等と教育の関係である。教育の効果が地域社会に漏出する外部性の研究で刺激的な論文を発表してきた著者によれば、「格差の核心は教育にある」という。そして、一％の最富裕層と九九％の格差よりも、「本当に問題にすべきなのは、平均的な大卒者と平均的な高卒者の格差だ」と述べている。図8-5に紹介した大卒平均と高卒平均の格差のことである。拡大する経済格差を縮小する方法の一つが教育であり、教育の充実は、短期的には納税者に莫大な負担が及ぶかもしれないが、長期的にみれば、高校教育の質の向上と大学・大学院教育の大幅な拡大は、個人と社会に大きな恩恵をもたらすと結論している。

不平等を是正するための政策は、もちろん教育だけではない。むしろ主役は、累進課税を中心とした所得の再分配政策にある。不平等研究の大家であるアトキンソンは、最近の著書で、グローバル経済を視野に入れた税制のあり方と不平等を是正する一五の提案を示している（アトキンソン 二〇一五）。その提案に教育への投資は含まれていない。「本書で私は人的資本投資の詳細については論じない。しかしこれは教育を軽視しているからではない。なぜならこの主張はすでに大量に行われているからだ」と述べている。それほどに、不平等と教育の関係の知見は、世界に広く普及している。

ところが、わが国では、大学教育に税金を投入するのが望ましいとする合理回路を見えなくする二つの力が暗黙に働いている。一つは、わが国の教育学界や教育関係者の文化である。そもそも、彼らの多くは教育と経済の関係についてまったく関心を払ってこなかった。教育界は教育界特有の文化と論理が支配的で、教育を理想化し、教育の外にある世間の常識も経済の合理性も排除する。理想なき教育は不毛だが、理想だけに囚われた理想主義は、自己の主張に拘束されて、自由な思考を失わせる。教育が経済にもたらす合理的な回路を否定するのではなく、この回路を有効に活用する構想力をもってほしいと思う。

いま一つは、高等教育への税金投入は、再分配政策からみて逆進的なものであり、自己負担の現状が合理的だとする一見もっともらしい批判である。高等教育への財政支出を増やす提案に反対する根拠として、この逆進説がしばしば登場する。少し長くなるが、よくある批判なので、反論を述べておきたい。

「大学授業料の無償化は逆進的だ」という説の根拠は分かりやすい。「大学教育は、裕福な者に消費されるから、大学教育費を税金で賄うと裕福な者が得をする」という考え方である。逆に、貧しい家庭は、税金を支払いながらも大学に進学しないから、損をするという。この逆進説は、かなり古い時代の批判であり、しかも再分配を評価する単位が混乱している。古い時代の批判だというのは、大学がエリート(裕福層)に独占されている状態を暗黙に想定しているからである。「お金持ちだけが大学を利用している」と考えるのは現実的ではないし、お金持ちの支払っている税金と貧しい家庭の税金が累進的であることを忘れてはいけない。具体的な数字をみてみよう。

表8-2は、平成二六年『全国消費実態調査』の「年間収入十分位階級別一世帯あたり一か月間の収入と支出」の所得税を五分位にまとめたものである。この所得階級別に対応する大学進学希望率を推計した。私たちが行った四〇〇〇人の全国高校生調査の結果に照らし合わせて、五分位に対応するように集計した。第一分位の三七%から第五分位の七一%まで、進学希望率にははっきりした格差がある(高校三年生の十一月時点の進学希望調査だが、翌三月の進学率調査と大きな違いはなかった)。大学が裕福な者に消費されているのは確かだが、かれらに独占されているわけではない。一方、累

表 **8-2**　年収 5 分位階級別の所得税(一ヶ月)と大学進学率

所得 5 分位	所得税	大学希望率	学生一人あたり税金	仮定の進学率	仮定の一人あたり税
Ⅰ 430 万未満	2351	37.2	63.2	10	235.1
Ⅱ 570 万未満	5019	47.0	106.8	30	167.3
Ⅲ 720 万未満	7891	51.9	152.0	60	131.5
Ⅳ 936 万未満	12052	63.0	191.3	80	150.6
Ⅴ 936 万以上	25518	71.1	358.9	100	255.2

進的な所得税には、第一分位の二三五一円から五分位の二万五〇〇〇円までの開きがある。進学率格差と比較するために、%を人数扱いにして、学生一人あたりに対応する所得税を計算してみると、第一分位の六三ポイントから第五分位の三五八ポイントの開きになる。貧しい家計が税金を支払っているにもかかわらず、進学できずに損をしているとは言えない数字だろう。仮に第一分位の進学率が一〇%にすぎなかったとすれば、表の右欄のように、二三五ポイントになる。この場合、進学率が平均並みの所得階層と比較して、貧しい家計が不利になり、この場合には、明らかに逆進的である。

概数による理解だが、大衆化した大学の現状では、「豊かな家計が大学を利用しているから、授業料の無償化は逆進的である」という説明は適切ではない。しかも、**表8-2**の進学率は無償ではなく、高い授業料負担を前提とした結果である。無償化されれば、低所得層の進学率が上がるから、実際よりも累進性が高まる。ただし、高所得層ほど進学率が高いので、無償化であれ、有償化であれ、大学進学が「逆進的効果」をもっているのは確かである。しかし「逆進的効果をもつ」という言葉と「逆進的である」という言葉は、大違いである。逆進的効果をもつ場合に検討しなければいけないのは、無償化することの是非ではなく、所得税の累進性をさらに強化するかどうかの問題である。

無償化の逆進説には、もう一つの問題がある。**表8-2**の再分配の単位は家族である。つまり親子を一体にして、豊かな家庭と貧しい家庭の間の再分配を比較している。しかし、大学に進学するのは、親ではなく、子どもである。豊かな子どもであれ、貧しい子どもであれ、子どもとして平等に扱うのは一つの合理である。子どもたちを平等に扱う理念が無償化である。親の経済的豊かさに関係なく全員が費用を負担して、卒業後に本人が返却する方法は、子どもたちを平等に扱うものである。再分配を測定する単位を家族ではなく、子どもにすると、進学する子どもと進学しない子どもの間の再分配が問題になる。子ども単位を前提にして無償化による損得を比べると、進学組が税金を利用して得をし、非進学組は大学を利用せずに損することになる。したがって、もし就職した者にも大学の授業料に見合うだけの就労金を給付すれば、進学／非進学による損得の偏りは解消される。

しかし、単純な就労金の給付は間違っている。進学者の所得は、非進学者の所得よりも高い。所得税の累進性によって、進学者が支払う生涯の税金額は、非進学者の税金額よりも多くなる。つまり、進学者から非進学者に所得が再分配されている。さらに、モレッティの推計のように、大卒が増えれば高卒の所得が増加するという教育の外部効果もある。完全の無償化ではなく、進学する「本人」の負担を考慮して、進学／非進学の再分配を検証する必要がある。この点については、すでに第6章で検討した。

教育と経済の合理回路が教育界の文化に埋め込まれてきたために、無償化が逆進的であるというような部分的な批判に反論する論理もエビデンスも育たなくなっているといえよう。

5　子どもから大人のキャリアへ

（1）「雇用と教育」からの長期ビジョン

教育と経済の合理回路は、教育界の自縛によって思考の埒外に追いやられ、国民の世論は、過去の政策経路に依存して、現状肯定的である。政府は、開発国家型の古い教育戦略から抜けきれず、教育財政をカットする方便しか考えていない。合理回路からも、政治回路からも、不平等社会を是正する方向性が見えなくなっている。

教育界と世論と政府が、同じ教育観をもっているわけではない。ところが、世論と政府は、意図せざる結託によって、大学教育に税金を投入する意義を認めていない。一方、学校教育の関係者は、教育にお金を投入すべきだとしばしば主張するが、主張の根拠を国民と政府に説明できていない。世論はそもそも関心が薄いし、財政を握っている財務省は、「財政支出を増やすべきだと主張できるエビデンスがない」と教育界や文科省の要求を却下し、むしろ教育支出を削減できる理由を探している。財務省からすれば、少子化の時代だから教員の数を減らすのが合理的だし、少人数クラスが学習効率を高めるという証拠はないし、学力の低下した今の大学教育の質は悪く、そのような大学に税金を投入するのはムダだという話になる。平等主義的教育論を掲げるだけでは、教育界が政府を説得するのは難しいし、教育劣位の世論は結果的に財務省の考えと同じになる。教育劣位社会は、教育界と世論と政府のそれぞれの思いがすれ違いながら、あるいは押したり引いたりする力が相殺されながら、諦めてきた慣習の文化的均衡のように思われる。

教育劣位だったにもかかわらず、平等な社会を達成してきた経済成長体験が染みついている世代からすれば、教育劣位はむしろ歓迎される社会かもしれない。しかし、教育劣位よりも深刻なのは、不平等社会にある。これは、今までにない新しい事態であり、その問題解決には、慣習化された政策にとらわれない「考える力」が必要になっている。考える力は、今の教育改革の常套句だが、今考える力が必要なのは、子どもではなく、私たち大人である。私の理解では、「教育劣位の財政」と「教育優位の家族」を前提にした慣習的政策では、不平等社会を是正する力にはならない。むしろ不平等を大きくさせる。

二一世紀の不平等の特質は、知識基盤経済（knowledge-based economy）にある。「知識や情報の生産・流通・利用を直接的な基盤としている経済」のことである（OECD 1996）。商品の生産と消費ではなく、知識や情報が産業の中心になるという「知識産業論」は、一九六〇年代から指摘されてきたが、一九九〇年代に入るとその姿が顕著に現れ、情報技術（ＩＴ）のイノベーションが、経済のみならず生活や社会の諸活動に大きなインパクトを与えるようになった。文科省が「二一世紀は知識基盤社会である」というのは正しい認識だと思うが、その社会像がよく見えないのは、知識基盤「経済」に触れていないからである。知識基盤経済という技術進歩が、スキルのある労働者とスキルのない労働者との格差を大きくする。日本の製造業における男子の学歴別賃金格差を分析した櫻井は、次のように説明している（櫻井 二〇一一）。「コンピューター関連投資額」や「研究開発投資額」が増えるにしたがって、「大卒労働者賃金シェアの上昇」を大きくさせ、「製造業における高学歴労働者への相対的な需要シフト」によって、「スキル偏向的技術進歩によるメカニズムが働いている」。

知識や情報の生産と流通と利用のそれぞれの場面で、雇用の量と質が大きく変わりつつある。労働の質の向上を求める需要が高まっており、その需要が教育訓練を必要としている。技術進歩が、大卒需要やスキル需要を大きくさせるというだけでは楽観的すぎるかもしれない。人工知能（AI）やロボットの技術進歩は、単純労働者の需要を減らすだけでなく、スキルのある労働需要も減らすからである。フォードの刺激的な報告によれば、未来の雇用を規定するのは、スキル偏向的技術進歩ではなく、ロボットがスキルのある中間層の仕事も奪ってしまうジョブレス社会である（フォード二〇一五）。スキル需要の拡大であれ、雇用の喪失であれ、知識基盤経済が雇用の量と質を大きく変えるのは間違いないし、これからは、知識や情報によって不平等が規定される社会になる。ここで重要なのは、未来の雇用機会、職種の量と質、必要な教育訓練についての知識と情報である。つまり、雇用と教育を関係づけるエビデンスがなければならない。教育の長期的ビジョンの構想は、経済ビジョンの構想でもある。知識や情報を自由に活用する知識基盤経済は、教育学と経済学、教育界と経済界、文部官僚と経済官僚、という旧来の分類に閉じこもらない思考を求めている。象徴的に言えば、文科大臣には、経済閣僚の一人として活躍できる力量が必要になっている。

知識基盤経済の不平等を是正するための主要な政策は二つある。所得再分配と、教育投資である。再分配政策の強化による税収入増を教育投資に回すのが、政治的にも経済的にも許容できる判断だろう。そして知識や情報の生産と流通の拠点は大学である。教育と研究を含めた拠点の質が低下しているとすれば、その質を高める公共投資が効率的である。不平等な知識基盤経済ではなく、不平等を小さくする知識基盤社会を構想し、財政的に裏づければ、「知識基盤社会」が教育政策の本当の戦略的術語になるだろう。

（２）政策が世論を創る――子どもと老人の問題は、成人問題である

ビジョンとファイナンスを結びつけるエビデンスはまだ十分に揃っていないが、教育劣位の直接延長上に、幸せな人生と社会があるとは思えない。国際比較のデータを分析したウィルキンソンとピケットによると、経済的に豊かになれば社会の病理が減少するという法則性はない。ところが、各国の所得不平等を説明変数にすると、所得不平等が大きい国ほど、社会病理が深刻になるという（ウィルキンソン、ピケット 二〇一〇）。つまり、よりよい社会を建設するためには、経済的豊かさではなく、経済的不平等を是正するのがよい。社会病理の指標というのは、精神衛生と薬物濫用、肉体的健康と平均余命、肥満、子どもの学業成績、暴力などの統計データである。この分析の中の日本は、平等な国で、病理も少ない国に含まれ、逆に、不平等かつ病理的な国としてアメリカが際立っている。そして、北欧諸国は、平等かつ病理の少ない社会の代表的存在である。平等国日本がいつまで続くか不安である。

私たちの今回の世論調査で、「これからの日本のあるべき姿として、次の三つのうち、どれが一番望ましいと思いますか」を質問している（表**8-3**）。東京都調査とＷＥＢ調査では、質問のワーデ

表8-3　日本のあるべき姿

東京都調査(%)		WEB全国調査(%)	
アメリカのような個人主義を重視した社会	9.2	アメリカのような個人主義を重視した社会	13.3
北欧のような福祉を重視した社会	49.2	北欧のような高税率によって支えられている社会	26.5
かつての日本のような終身雇用を重視した社会	41.6	かつての日本のような，終身雇用や家族の役割を重視した社会	60.2

ィングを変えているが、大きな違いは、北欧の表現である。東京都では、「北欧のような福祉を重視した社会」、WEBでは「北欧のような高税率によって支えられている社会」を選択肢としている。「福祉を重視」とすれば、四九%が北欧を選択し、「かつての日本」の四二%よりも多い。しかし、「高税率」とすれば、北欧は二七%に下がる。それでも、アメリカの一三%よりも多い。

これはかなり興味深い結果である。この三つは、個人主義、社会民主主義、家族共同体主義の選択でもある。日本の会社共同体主義も、家族主義も大きく揺らいでいる。終身雇用の揺らぎ、子どもの貧困、世帯の多様化など、調査のワーディングのように、「かつての日本のような国」を想定するのが難しくなっている。昔に帰るのが難しければ、残る個人主義型と社民主義型を日本の未来像として視野に入れなければならなくなる。知識基盤経済が浸透すれば、アメリカ型に近くなりそうだし、日本の教育政策も経済政策も、アメリカをモデルにする傾向が強い。しかし、そのアメリカの個人主義を望ましいと思う日本人は二つの調査ともに、一割前後にすぎない。社民主義の北欧型がよさそうだが、福祉は重視したいけれど、税金が高いと言われるとひるんでしまう。悩ましい心の葛藤が吐露されている。日本人は、「税金と福祉」の関係を勉強する必要がある。この関係を適切に認識できれば、北欧支持率は五〇％と二七％の間に落ちつくだろう。アメリカとの対比からすれば、想像以上に高い数字だと思う。

こうした心の葛藤は、知識基盤経済に生きる悩ましさでもある。私たちは、かつての終身雇用の社会に戻れないし、教育劣位社会を持続しても安泰だとは言えないだろう。税金と福祉の関係を勉強しながら、慣習を断ち切る政策を考えないと、「日本のあるべき姿」を実現するのは難しそうである。そこで注目したいのは、大岡の『教育を家族だけに任せない』政策の提案である（大岡 二〇一四）。大岡は高等教育の親負担主義からの解放だけでなく、就学前教育から無償化する社会を構想しつつ、政治への信頼を創る必要性を強調している。そのプロセスで、スウェーデンの政策史を対比させ、政治と政策の信頼関係を検証している。スウェーデンの大学生は、授業料が無償であるだけでなく、生活給付金とローンによって学生が経済的に自立できる制度になっている。つまり、親子は経済的に無縁な文化が形成されている。

ここで重要なのは、スウェーデンが昔からこのような親子文化をもっていたわけでなく、一九六〇年代の制度改革によって今の新しい親子文化が創りだされたという大岡の検証にある。文化が制度を創るのではなく、「制度が文化を創る」という主張は、世論と政策の関係を考えるうえで、きわめて重要な視点である。

世論によって政策を決めるという世論行政は、政治的に不可欠な一つの回路であり、世論調査の多くは、民意のあるところを知りたいという気持ちから実施されている。その一方で、制度が文化を創るという大岡説は、政策が世論を決めるといういま一つの政治回路である。過去の政策で今の世論が規定されているという経路依存性仮説は、政策が世論を決める回路の存在を説明しているが、重要なのは過去ではなく、未来にある。大岡説のように、「教育を家族だけに任せない」社会を構想し、政策によって新しい世論と議論を活性化し、政治への信頼を創りかえる想像力が求められている。閉塞した不平等社会にメスを入れ、現状を改善する政策の探求は、過去の政策の直接延長上にはなく、過去をいさぎよく断ち切ることからはじめるのが賢明だろう。大岡だけでなく、「共同子育て社会」を経済成長戦略の柱にすえ、『社会保障が経済を強くする』という盛山構想(盛山 二〇一五)も、「教育劣位の財政」と「教育優位の家族」の長い歴史を覆すものであり、時代および経済の転換期を象徴している。

少子化の衝撃が広がり、就学前教育や保育への社会的関心はかつてよりも高くなっており、幼児のための社会政策は、相対的に優位な政策になりつつある。先に紹介した子育ての費用の意識をみても、世論の支持は高まりそうである。その重要性を否定するつもりはないし、就学前教育の投資が経済効率的であるのは確かである。しかし同時に、日本の現状に即して、経済的不平等と教育の合理回路を考えると、教育の「最劣位」の領域に光をあてる必要性を強く感じる。就学前教育の優先順位が上がれば上がるほど、最劣位にある「大学教育と成人教育」の政策順位はさらに下がりそうである。この最劣位がつづけば、経済の不平等は是正されるどころか、さらに大きくなる。過去の政策経路を断ち切る代替案の喫緊の対象は、子どもでなく、老人でもない、成人にあると私は考える。未来の日本の大学教育のターゲットは、「子どもからキャリアへの移行」にある。

世論は、子どもと老人のケアについては敏感だが、教育劣位も不平等感もそれほど深刻に受け止めていない。子どもの悲鳴が聞こえる、老人が惨めな状況に追いやられていると言われれば、メディアは返す言葉を失う。「子どものため」「老人のため」は、世論を味方につける殺し文句である。子どもと老人を大切にする心情は分かるが、その間にある働く世代を忘れて、社会経済システムは成り立たない。

子ども問題と老人問題は、成人問題である。働く現役世代の雇用がしっかりしなければ、子どもも老人も安心できない。子どもの貧困は、親の貧困である。親の貧困を解決しなければ、子どもの貧困は解決しない。現役の雇用が安定しなければ、退職後の年金生活も不安定になる。老人の不平等は、現役時代の不平等の遺産であり、勤労世代の不平等は教育の不平等の結果である。教育→雇用→年金の順に不平等が相乗的に拡大していくプロセスにメスを入れなければ、不平等を是正する道は開けない。大学教育費の自己負担が、機会の不平等をもたらし、さらに結果の不平等を大きくさせている。

大切なのは、大学だけではない。学校を卒業した成人の教育にある。不平等感と公的負担率の関係をみた図**8-4**を思い出してほしい。面白いことに、大学教育費の公的負担支持率と社会人のキャリア向上のための公的負担支持率が、ほぼ重なって推移している。世間から見放されているという意味で、大学教育と成人のキャリア教育は同類である。一方で、失業者の再就職は、子育て並みの高い支持になっていた。失業問題とキャリア教育問題が同時に発生するほどに、これからの雇用は流動的である。自己責任に任されてきた成人のキャリア教育が、不平等と教育の関係を改善するターゲットといえる。

(3) 成人の能力はどのように形成されるか

最近の調査から、興味深い一つの研究成果を紹介しておきたい。全国一三校の工業高等専門学校(高専)の卒業生を対象にしたキャリア調査の結果である。二〇代から五〇代の卒業生三四〇〇名を対象に調査した。一つの目的は、五年間の学習成果がキャリアの向上に役立っているかどうかの検証にある。「学業成績」「学校満足度」「卒業時の汎用能力」という三つの学習効果を取り上げたが、それぞれ異なった性質と特徴をもちながら、いずれも卒業後のキャリアを確実に豊かにしていることが分かった。つまり、教育無効説は成り立たず、教育の経済効果は確実に存在している。汎用能力の測定は難しいが、「学校を〈卒業したとき〉に、次に示す能力をどの程度身につけていたか」を質問した。「実験から問題の本質をつかむ力」「自分で考えながらものづくりをする力」「新たなアイデアや解決策を見つけ出す力」「協働する力」「プレゼンテーション能力」の五項目について、「十分身についていた」から「まったく身についていなかった」の五段階評価である。

学校時代の「学業成績」「学校満足度」「汎用能力」は、現在のキャリア(所得・昇進・仕事満足)を確実に上昇させる効果をもっている。ただしここで紹介したいのは、こうした学校教育の直接的効果ではない。調査では、「卒業時の汎用能力」だけでなく、「現在時点での汎用能力」もあわせて質問した。それを用いた分析によれば、現在の所得を直接的に規定しているのは、現在の汎用能力であって、卒業時の汎用能力ではなかった。この結果から浮かび上がる重要なテーマは、「〈現在の能力〉がどのように形成されているか」という問いである。

表 **8-4**　現在の汎用能力を規定する要因の分析

	標準化されていない係数		標準化係数		1% 検定**
	B	標準誤差	ベータ	有意確率	5% 検定*
（定数）	.933	.095		.000	**
卒業時汎用能力 5 項目平均	.450	.018	.459	.000	**
学業成績 4〜5 年生	.024	.009	.047	.008	**
生活全般 満足度	.060	.018	.054	.001	**
専門科目の講義 熱心度	.005	.023	.005	.841	
専門の実験・実習 熱心度	.016	.022	.017	.460	
卒業研究 熱心度	−.011	.016	−.013	.483	
インターンシップ 熱心度	.031	.014	.039	.025	*
部・サークル活動 熱心度	.018	.011	.026	.110	
相談できる友人の数	.099	.012	.134	.000	**
生涯学習の参加頻度	.250	.027	.148	.000	**
労働経験年数	.033	.005	.502	.000	**
労働経験年数 2 乗	−.00068	.00011	−.473	.000	**

R 2 乗　0.360，**p＜.01　*p＜.05

そこで、「〈現在、身についている〉汎用能力」を被説明変数とする重回帰分析を行った。その結果の事例を示したのが、表**8-4**である。重要なことを三つ指摘しておきたい。第一に、学業成績、学校満足度、卒業時の汎用能力という三つの学習成果は、現在の能力にプラスの効果をもたらしている。つまり、学生時代の学びは、将来の能力を向上させる確かな財産になっている。ただし、学生時代の熱心な取り組みは、インターンシップ以外はほとんど関係なかった。これは、熱心に勉強しても卒業後に役立たないという意味ではない。熱心な学習態度は、三つの学習成果を高める効果の中に吸収されているからである。

第二に注目しておきたいのは、卒業後の学習と人間関係である。現在の能力を向上させる影響力としては学業成績や学校満足度より、「現在の職場での学び」と「仕事上の難しい問題に直面したときに相談できる友人の数」のほうが大きいということである。生涯学習の頻度については、職場や職場外の勉強会、資格などの学校、および自己学習について、一週間あたり何時間ほど活動しているかを質問している。正確な時間数よりも、学習をしているか、いないか、に着目した調査である。これらの生涯学習を一週間に一時間もしていない人は、三人に一人ほどの割合だった。三人に二人は、週に一、二時間以上勉強するのが普通になっており、そうした学習が現在の能力を高めている。加えて、友人の数に現れる人間関係は、本人の能力向上に大きな効果をもたらしている。

第三は、労働経験年数の効果である。日常的観察からも明らかなように、仕事の経験の積み重ねがスキルを向上させる。教育経済学では、職場の教育訓練が生産性(=所得)を向上させるとして理論化し、具体的な計測概念として学校卒業後の労働経験年数を用いている。そして、職場教育訓練の投資効果は、年齢とともに低下するので、投資量もいずれゼロに近づく。労働経験年数の二乗項をモデルに加えているのはそのためである。この理論を援用すれば、「現在の汎用能力」も労働経験年数とともに上昇し、あるところで減少すると考えられる。表の結果によれば、経験年数はプラスの効果をもっており、仕事の経験を重ねることによって現在の能力が向上している。しかし、二乗の項はマイナスなので、いずれ能力が低下に転じることになる。経験年数の効果だけから機械的に推測すると、現在の能力がピークに達するのは、経験年数二四年である。二〇歳で就職すれば、四四歳前後の世代が働き盛りということになる。

これは一つの事例研究だが、豊かなキャリア形成には、学校教育が大きな役割を果たしており、あわせて卒業後の学びと労働経験の蓄積が重要になることがわかる。生涯学習の参加頻度と友人の数は、現在の能力を向上させるだけでなく、現在の所得・昇進・仕事への満足度に直接的にプラスの効果を与えている。二一世紀の不平等社会は、スキルのある者とない者の間にある格差である。高卒と大卒の所得格差は、スキルの格差に一致するわけではないが、強い相関関係にある。三〇歳前後の学歴格差が拡大している(図8-5)のは、労働需要の質が学歴によって大きく変わってきた経緯を示しており、労働の質の向上に応じて職場の教育訓練機会が提供されなければならない。職場の教育訓練だけでなく、高等教育機関に入学して学び直す機会が必要になる。

生涯教育の必要性が提案されて五〇年あまりになるが、従来の日本のサラリーマンの生涯教育は、日本的経営の根幹である内部人材育成方式と充実した企業内教育によって支えられてきた。成人教育のニーズは、企業内で解決され、企業の外には出てこなかった。ところが、経済不況の雇用環境が、内部人材育成を難しくし、企業内教育の投資を縮小させ、この教育訓練格差が不平等を大きくさせている。失業者のための教育訓練だけでなく、非正規労働者の正規化、キャリアの向上や転換のための教育、さらには高度専門職のための大学院レベルの教育を会社の外に準備しないと、働く者の雇用格差がますます大きくなる。とりわけ重要なのは、三〇歳前後における非大卒者に対する教育投資である。学歴資格だけにこだわるわけではないが、二〇代、三〇代の非大卒者に大卒並みの力をつける教育機会の提供は、学歴間格差を縮小させる戦略的政策である。

（4）「学び直し」社会のための経済基盤

二五歳や三〇歳で大学に進学する、あるいは大学院に進学するといえば、非現実的な妄想だと思われるかもしれないが、欧米の世界標準からすれば、あたりまえのキャリア選択である。世界が驚くのは、二〇歳前後の若者だけに独占されている日本の大学の姿である。新規学卒一括採用という雇用制度が原因だと一般に考えられているが、日本の大学教育システムの根幹は、雇用制度よりも、親負担主義にある。親による授業料負担ではなく、自分の資金力で、いつでも誰でも大学に進学できるようになれば、年齢に拘束されずに、もっと自由な大学選択になるだろう。そもそも一八歳でやりたい勉強を決められる幸せな若者は、それほど多くはない。むしろ、働く経験によって、やりたい仕事が見えてくる。それから大学に進学しても遅くはないどころか、有益である。親の庇護下にある子どものような学生たちを、大人の集団に変えないといけない。大学を卒業する年齢が多様化すれば、企業は採用ルールを変えるだろう。現在では中途採用の労働市場はかなり存在するし、その採用スキルも蓄積されている。

社会人が生涯教育に参加できるようにするためにも、大学教育費の公的負担を増やし、私的負担を減らすのが望ましい。現在の私立大学の授業料では、二五歳の社会人が、自分の資金力だけで、大学に進学したり、学び直したりするのは非常に難しいし、二年間の大学院進学もかなり厳しい。「学び直し」という政府の基本方針は、的確である。この学び直しをさらに促進するためには、自己責任主義ではなく、社会責任主義の立場からの財政支援が不可欠である。どのような経済条件の設定が望ましいかについては、給付型奨学金の社会人枠を設定したり、授業料の免除、卒業後の所得に連動した教育ローンの返済、無償教育の漸進的導入などを組み合わせたりした財政収支のシミュレーションが必要だが、若者のための大学教育と「学び直し」のための生涯教育が一体になった高等教育政策が、不平等社会に求められる平等主義的かつ効率的な教育政策である。

教育劣位社会日本の転換点は、高等教育の転換点でもある。大学が大人の生涯学習に積極的に参加できる経済環境を整えれば、日本の大学は大きく変わるだろう。逆風の世論を前にしての提案だが、過去の政策経路を反省し、新しい世論を創る政策ビジョンが必要な時代の節目に私たちは生きている。子どもからキャリアに教育の重点をシフトさせる生涯教育政策は、ビジョンとエビデンスとファイナンスを結びつける一つの政策コンセプトである。

参考文献

アンソニー・Ｂ・アトキンソン、山形浩生・森本正史訳 二〇一五、『21世紀の不平等』東洋経済新報社。
天野郁夫 一九八九、『近代日本高等教育研究』玉川大学出版部。
リチャード・ウィルキンソン、ケイト・ピケット、酒井泰介訳 二〇一〇、『平等社会――経済成長に代わる、次の目標』東洋経済新報社。
ＯＥＣＤ編著、徳永優子他訳 二〇一三、『図表でみる教育――ＯＥＣＤインディケータ 二〇一三年版』明石書店。
大岡頼光 二〇一四、『教育を家族だけに任せない――大学進学保障を保育の無償化から』勁草書房。
櫻井宏二郎 二〇一一、『市場の力と日本の労働経済――技術進歩、グローバル化と格差』東京大学出版会。
佐藤俊樹 二〇〇〇、『不平等社会日本――さよなら総中流』中公新書。
盛山和夫 二〇一五、『社会保障が経済を強くする――少子高齢社会の成長戦略』光文社新書。
橘木俊詔 一九九八、『日本の経済格差――所得と資産から考える』岩波新書。

ジェームズ・J・ヘックマン、古草秀子訳 二〇一五、『幼児教育の経済学』東洋経済新報社。
エンリコ・モレッティ、池村千秋訳 二〇一四、『年収は「住むところ」で決まる——雇用とイノベーションの都市経済学』プレジデント社。
矢野眞和 二〇一五、『大学の条件——大衆化と市場化の経済分析』東京大学出版会。
Ford, M. 2015, *Rise of the Robots: Technology and the Threat of a Jobless Future*, Basic Books（マーティン・フォード、松本剛史訳『ロボットの脅威——人の仕事がなくなる日』日本経済新聞出版社、二〇一五年）
Goldin, C.D. and L.F.Katz 2008, *The Race between Education and Technology*, Harvard University Press.
Moretti, E. "Estimating the Social Return to Higher Education: Evidence from Longitudinal and Repeated Cross-Sectional Data", *Journal of Econometrics*, 2004, 121, no.1-2, pp.175-212.
OECD, 1996, The Knowledge-based Economy.

あとがき

一九九〇年代末から二〇〇〇年代にかけて、教育界には、ある大きなうねりが生じていた。学力低下論争の興隆であり、教育格差をめぐる主張の大合唱であり、「脱ゆとり」への動きの活発化である。受験地獄や詰込み教育への批判から、教育内容の精選と標準授業時数削減が試みられ、「新学力観」や「生きる力」を柱とする教育にシフトしたのが、一九八〇～九〇年代。ところが、それほど時間を経ることなく、ゆとり教育批判が唱えられるようになった。PISAといった国際テストの結果が振るわなかったことや、学力の格差が広がったことなどを証左に、ゆとり教育の問題点が指摘され、その後、教育政策が脱ゆとりへと舵を切りなおしたのは周知のとおりである。

昨今、教育関係者の間でも、エビデンスベースト(evidence-based)という言葉がよく聞かれるようになった。経験や思い込みからではない、データに基づいた検討を加えるべきということだが、以上の政策転換は、エビデンスの力があらわれた象徴的な事例として取り上げることができよう。ただ他方で、この転換については、世論の支持という後押しがあったからこそ実現したという側面もあったはずだ。ゆとり教育を批判するために使われたデータは、人びとの心を惹きつけた。だからこそ、エビデンスはさらに力を有することになった。そして、こうした事例を挙げたうえで急いで強調しておきたいのは、このようなことがいつも生じるわけではないという点である。

長年、教育問題や教育政策について考える仕事に携わっていると、エビデンスと世論との間に距離を感じることがしばしばある。実証分析から導き出されたあるべき施策を提示しても、ほとんど反応が返ってこない。関心をもってもらえたとしても、それが次のステップに進まない。提示しているデータが不十分なのかもしれない。プレゼンテーションの方法に問題があるのかもしれない。しかし、理由はそれだけではないように思われる。すなわち、世論には世論ならではの特性がある。動き方にも傾向がある。だとすれば、施策を議論するにしても、その特性や傾向を踏まえる必要があるのではないだろうか。そして何より、教育世論というもの自体、まだ十分に検討されていない、きわめて興味深い研究対象として設定することができるのではないだろうか。

こうした世論の特性に「教育費」という観点から迫ろうとしたのが、私たちの調査「教育と社会保障に関する意識調査」である。新しい試みという自負は強いが、同時に「世論＝意識」を中心に据えた調査ならではの悩ましさに頭を抱え続けてきたことも事実である。

そもそも意識を計測するための質問項目をどのように設定するかということ自体、大きな難問として立ち上がる。性別や年齢といった「属性」、あるいは選挙に行った／行かないなどの「行動」とは異なり、表現一つで質問の含意が微妙に変わってしまうのが、意識を問う質問項目だ。〇〇といった状況を望ましいと思うのか、やむを得ないと思うのか。△△といった政策を進めるべきだと尋ねるのか、一定の犠牲を払ってでも進めるべきだと条件付きで尋ねるのか。質問者側の意図にそれほど違いがないとしても、質問から読み取れる意味合いは異なっている。また、選択肢を何択にするのか。選択肢に「わからない」を入れるのか、入れないのか。選択肢の順序をどのように並べるのか。意識をめぐる回答は、こうしたことでも変わり得ることが知られている。

加えて、何らかのものさしで計測できたとしても、その分布の規定構造がみえにくいのも、意識の特徴である。因果関係を探ろうとさまざまな分析を試みても、説明力（分布のばらつきを説明する程度）が数％だということがしばしば生じる。関連して、分析に用いる変数をひとつ追加する／削除するだけで得られる結果が揺らぐことも少なくない。そのうえ、とりわけ教育世論に関していえば、先行研究が十分に蓄積されていないこともあって、分析の基本モデルすら容易に描くことができない。それほど複雑かつ曖昧模糊としているのが、意識であり、教育世論なのである。

詰まるところ、「意識」の問題を扱うにあたっては、研究する側の関心や目的に対して、より自覚的になる必要があるということなのだと思う。そして実際、私たちは、かなりの時間をかけて検討を積み重ねてきた。自分たちが知りたいことにたどり着くには、このような調査枠組みで大丈夫か。質問項目や選択肢の文言は適切か。誤解を招いたり、何を計測しているのかがわからないような項目になったりしていないか。分析に加えたほうがいい変数は他にないのか。より広い視野から結果を解釈しなおすことはできないか。富山、東京、全国ＷＥＢと三回にわたって調査できたことも、より深い検討へとつながったと自負している。

世論をめぐっては、その不可解さについて鋭い観察眼からの指摘が示されてきた。「世論など存在しない」（ピエール・ブルデュー）、「輿論は議会政治という政治制度の奥殿にまつられたご神体である」（京極純一）といったものだ。このような得体の知れない魔物のような世論に、私たちがどれほど近づくことができたのか、その判断は読者に委ねるしかないが、本書が教育問題や世論というものを考える議論に一石を投ずるものになればと願うばかりである。

ここまでたどり着くまでには、多くの方のお世話になった。

まず、本調査の母体である科学研究費補助金（基盤研究A）「教育財政および費用負担の比較社会学的研究」のメンバーに感謝したい。研究会や合宿などで繰り返された議論が本書に反映されていることはいうまでもない。さらに本書で扱っていることは、これまで学会などの場で逐次報告してきたが、その都度、さまざまな方から多方面にわたる有益なコメントをいただいた。皆様一人ひとりのお名前を挙げることはできないが、この場を借りて改めてお礼の言葉を贈りたい。

また、本書の企画と編集の労をとってくださった岩波書店の田中朋子氏には、これまで大変お世話になった。田中さんからの鋭いご助言が、本書をより読みやすく、説得力のあるものへと導いてくれたように思う。企画の立ち上げ以降、なかなか原稿が出ない状況が長く続いてしまったことへのお詫びとともに、心からの感謝を申し上げたい。

そして何より、多忙な毎日の中、調査に理解を示し、協力してくださった皆様に深謝する。本書附録として掲載した調査票をご覧になればわかるように、できるだけコンパクトな調査設計を心掛けたつもりではあるが、扱っているテーマの関係上、私たちの調査は、量的にも質的にもボリュームのあるものへと仕上がってしまった。本書は皆様の回答あってのものであり、九〇〇〇人余りの回答者の方々に深甚の謝意を表したい。

本書で用いた調査のうち、はじめの富山調査を実施してから六年以上の時間が経っている。出版するまでこんなにも時間がかかったのかという反省にも近い想いが湧き上がるが、「はじめに」にも記されているように、奨学金問題をはじめ、教育費をめぐる世論が熱くなりつつある最近の状況に照らし合わせて考え直せば、こうした時期に出版できたのも幸いだったといえるのかもしれない。そのような楽観的なことを考えている今日この頃である。

二〇一六年九月七日

濱中淳子

教育劣位社会 ― 教育費をめぐる世論の社会学

2016年12月15日　第1刷発行
2017年 4 月 5 日　第2刷発行

著　者　矢野《やの》眞和《まさかず》　濱中《はまなか》淳子《じゅんこ》　小川《おがわ》和孝《かつのり》

発行者　岡本　厚

発行所　株式会社 岩波書店
〒101-8002 東京都千代田区一ツ橋 2-5-5
電話案内 03-5210-4000
http://www.iwanami.co.jp/

印刷・法令印刷　カバー・半七印刷　製本・松岳社

ISBN 978-4-00-061169-5　　Printed in Japan

矢野眞和

1944年生まれ．東京工業大学名誉教授．社会工学，教育経済学，教育社会学．著書に『教育社会の設計』(東京大学出版会，2001)，『「習慣病」になったニッポンの大学——18歳主義・卒業主義・親負担主義からの解放』(日本図書センター，2011)，『大学の条件——大衆化と市場化の経済分析』(東京大学出版会，2015)など．

濱中淳子

1974年生まれ．東京大学高大接続研究開発センター教授．教育社会学，高等教育論．著書に『シリーズ大学② 大衆化する大学——学生の多様化をどうみるか』(編著，岩波書店，2013)，『検証・学歴の効用』(勁草書房，2013)，『「超」進学校 開成・灘の卒業生——その教育は仕事に活きるか』(ちくま新書，2016)など．

小川和孝

1986年生まれ．日本学術振興会特別研究員PD(慶應義塾大学法学部)．教育社会学，社会階層論．主な論文に「高卒者の初職地位達成における雇用主の選抜メカニズムに関する研究——学校経由の就職の効果についての再検討」(『教育社会学研究』第94集，2014)，「母子間の価値観の伝達——性別役割分業の一般的規範・個人的展望に関する分析」(中澤渉・藤原翔編著『格差社会の中の高校生——家族・学校・進路選択』勁草書房，2015)，「社会的属性と収入の不安定性——グループ内の不平等に注目した分析」(『理論と方法』31巻1号，2016)など．

附録(**1**)

全国 WEB 調査 調査票
(A 票)

〈注〉

- 本書において最も多く分析に使用した全国 WEB 調査の調査票を附録として掲載.
- A 票と B 票の 2 つがあるが，うち 1～4 頁，7 ～12 頁は A・B 票共通.
- B 票の 5～6 頁については，附録(2)を参照のこと.

2011年12月

教育と社会保障に関する意識調査(A)

調査主体：教育世論調査研究会
調査実施機関：㈱ジャパン マーケティング オペレーションズ

＜ 調査の趣旨とお願い ＞

このアンケートは，教育や社会保障を中心に，国民の皆様のご意見を調査し，今後の施策への示唆を得るために行うものです．アンケートの実施にあたっては，文部科学省の研究費補助を受けています．

お答えいただいた内容は，すべて統計的に処理いたします．したがいまして，一人ひとりのお答えの内容が外部に漏れるなど，皆様にご迷惑をおかけすることは決してございません．

お忙しいところ大変恐縮ではございますが，アンケートの趣旨をご理解いただき，ぜひともご協力を賜りますようお願い申し上げます．

ご回答は，**2011年12月7日（水）**までにお願いいたします．

教育世論調査研究会
http://seron.he.u-tokyo.ac.jp/
代表：桜美林大学教授　矢野眞和

Section1 はじめに，あなたご自身の日常生活についてうかがいます．

Q1-1. あなたは次のことがらについて，どの程度関心がありますか．(それぞれ1つに○)

	まったく関心がない	あまり関心がない	やや関心がある	非常に関心がある
ア）非正規社員や単純労働者の労働条件問題	1	2	3	4
イ）失業問題	1	2	3	4
ウ）医師不足や医療費など，医療の問題	1	2	3	4
エ）高齢者の介護の問題	1	2	3	4
オ）年金問題	1	2	3	4
カ）子どもの学力低下問題	1	2	3	4
キ）公立中学・高校への信頼低下問題	1	2	3	4
ク）大学への進学機会格差問題	1	2	3	4

Q1-2. あなたはふだん，政治の動向に関する情報をどの程度チェックしていますか．(1つに○)

1. まったくチェックしていない
2. あまりチェックしていない
3. ややチェックしている
4. 非常にチェックしている

Q1-3. あなたは，テレビや新聞などの情報を，どの程度信頼していますか．(1つに○)

1. まったく信頼していない
2. あまり信頼していない
3. やや信頼している
4. 非常によく信頼している

Section2 政府の役割・政府による公的サービスについて，あなたのご意見をうかがいます．

Q2-1. 税金が投入される教育政策領域について，

■ 少人数学級導入や教員の質向上施策など，子どもの学力向上などを目的とした【義務教育の充実】

■ 私立・塾などを利用しなくても進路の面で不安を感じさせることがない【公立中学・高校の整備】

■ 高校授業料の実質無償化を通じた【高校教育までの保障】

■ 大学授業料の減額・無償化，返却義務のない奨学金の創設など，【借金なしの大学進学機会の確保】

の4つを取り上げた場合，あなたが「**より優先して支出すべき**」と考えるものはどちらですか．

次の6つの組み合わせごとに，2つずつの比較のなかでお答えください．

※それぞれ，優先して支出すべきと考える政策領域のほうに○をつけてください．

	A	Aを優先	Bを優先	B
ア）	義務教育の充実	1	2	公立中学・高校の整備
イ）	義務教育の充実	1	2	高校教育までの保障
ウ）	義務教育の充実	1	2	借金なしの大学進学機会の確保
エ）	公立中学・高校の整備	1	2	高校教育までの保障
オ）	公立中学・高校の整備	1	2	借金なしの大学進学機会の確保
カ）	高校教育までの保障	1	2	借金なしの大学進学機会の確保

Q2-2. では、税金が投入される領域について，教育以外の領域も含めて，

■ 就職するまでの教育環境を整備すること＝【学校教育施策】

■ 非正規社員や単純労働者のキャリアアップを目的とした再教育の場を整備すること＝【社会人の教育施策】

■ 病人や介護が必要な人に，十分な医療や介護が提供される環境を整備すること＝【医療・介護施策】

■ 年金の安定化をはかり，高齢者の経済生活を保障すること＝【年金施策】

の4つを取り上げた場合，あなたが「**より優先して支出すべき**」と考えるものはどちらですか．

上の質問と同じように，6つの組み合わせごとに，2つずつの比較のなかでお答えください．

※それぞれ，優先して支出すべきと考える政策領域のほうに○をつけてください．

	A	Aを優先	Bを優先	B
ア）	学校教育施策	1	2	社会人の教育施策
イ）	学校教育施策	1	2	医療・介護施策
ウ）	学校教育施策	1	2	年金施策
エ）	社会人の教育施策	1	2	医療・介護施策
オ）	社会人の教育施策	1	2	年金施策
カ）	医療・介護施策	1	2	年金施策

Q2-3. 再び教育問題へのご意見をうかがいます．民主党政権によって「子ども手当の支給」ならびに「公立高校実質無償化」の2つの施策が進められました（ただし，子ども手当については，2012年3月に廃止，児童手当が復活することが決定）．
この2つの施策については，次のような対立する意見がみられましたが，あなたの意見は次のどちらに近いですか（それぞれ1つに○）．
※子ども手当とは，中学卒業までの子ども全員に1人あたり月額1万3,000円を支給するもの（2011年9月までの額，同年10月以降は，子どもの年齢や出生順位に応じて金額が変更）．

	A	Aに近い	ややAに近い	ややBに近い	Bに近い	B
ア）	子ども手当には，所得制限を設けるべきだ	1	2	3	4	所得や財産に関係なく，同じ条件ですべての子ども（家族）が受け取れるようにすべきだ
イ）	子育て支援は，子ども手当のように，各家庭への現金給付というかたちが良い	1	2	3	4	子育て支援は，保育施設の充実化や給食費への補填など，現物支給が良い
ウ）	高校授業料に関する補助には，所得制限を設けるべきだ	1	2	3	4	高校授業料に関する補助には，所得制限を設ける必要がない

Q2-4. 「子ども手当」と「公立高校実質無償化」については，他にも様々な意見がみられました．
あなたのご意見は，それぞれ次の3つのどれに近いですか．（それぞれ1つに○）

（1）子ども手当について（1つに○）

1. 経済的支援は，「子ども手当」の目的どおりに行うのが妥当だ
2. 経済的支援は，むしろ大学授業料の無償化など，高校卒業後の教育についてなされるべきだ
3. そもそも子どもに対する経済的支援は必要ない（他の領域に税金を投入すべきだ）

（2）公立高校実質無償化について（1つに○）

1. 経済的支援は，「公立高校実質無償化」の目的どおりに行うのが妥当だ
2. 経済的支援は，むしろ大学授業料の無償化など，高校卒業後の教育についてなされるべきだ
3. そもそも高校生に対する経済的支援は必要ない（他の領域に税金を投入すべきだ）

Q2-5. 教育政策のなかでも，何を重視するかについては意見がわかれるところですが，次の対立する意見について，あなたはどちらの意見を，より支持しますか（それぞれ1つに○）．

1）義務教育のあり方について

A	Aに近い	ややAに近い	ややBに近い	Bに近い	B
たとえ画一的になっても平等を目指す方法で教育を行うべきだ	1	2	3	4	たとえ不平等になっても多様化を目指す方法で教育を行うべきだ

2）公立学校選択制について

A	Aに近い	ややAに近い	ややBに近い	Bに近い	B
子どもがどの学校に通うかは，あらかじめ決まっているほうがよい	1	2	3	4	子どもがどの学校に通うかは，親や子どもが自由に選べるようにするほうがよい

3）私立中高一貫校について

A	Aに近い	ややAに近い	ややBに近い	Bに近い	B
私立中高一貫校が増えるのは望ましくない	1	2	3	4	私立中高一貫校は，もっと増えるのが望ましい

4）（エリート育成につながるような）公立による中高一貫校の創設について

A	Aに近い	ややAに近い	ややBに近い	Bに近い	B
公立の中高一貫校は必要ない	1	2	3	4	公立でも，中高一貫校は創設すべきだ

5）高校教育について

A	Aに近い	ややAに近い	ややBに近い	Bに近い	B
職業高校や進学実績のない高校の充実化に力を入れるべきだ	1	2	3	4	進学実績のある高校にこそ，重点的に支援すべきだ

6）大学進学について

A	Aに近い	ややAに近い	ややBに近い	Bに近い	B
高校を卒業した人であれば，誰でも大学に行ってよい	1	2	3	4	学力が十分にある人のみが，大学に行くべきだ

7）大学の教育研究活動への補助について

A	Aに近い	ややAに近い	ややBに近い	Bに近い	B
中堅や地方の大学の教育研究を充実させるために多くの税金を使うべきだ	1	2	3	4	東京大学や京都大学など，いわゆるトップ大学の教育研究に多くの税金を使うべきだ

8）全般的に

A	Aに近い	ややAに近い	ややBに近い	Bに近い	B
今後の日本の学校教育は，底上げに力を入れるほうが良い	1	2	3	4	今後の日本の学校教育は，エリート育成に力を入れたほうが良い

Section3 **教育や社会保障領域における費用負担について，ご意見をうかがいます．**

Q3-1.

【はじめに，こちらをお読み下さい】

次の図に見られるように，日本は国民所得全体に占める社会保障費の支出額は小さい方です．
また，その支出に占める割合は，「年金」が大きく，「福祉その他」(老人ホーム，失業手当，生活保護，障害者手当など)が小さくなっています．

各国の社会保障給付の部門別割合（対国民所得比 2005年）

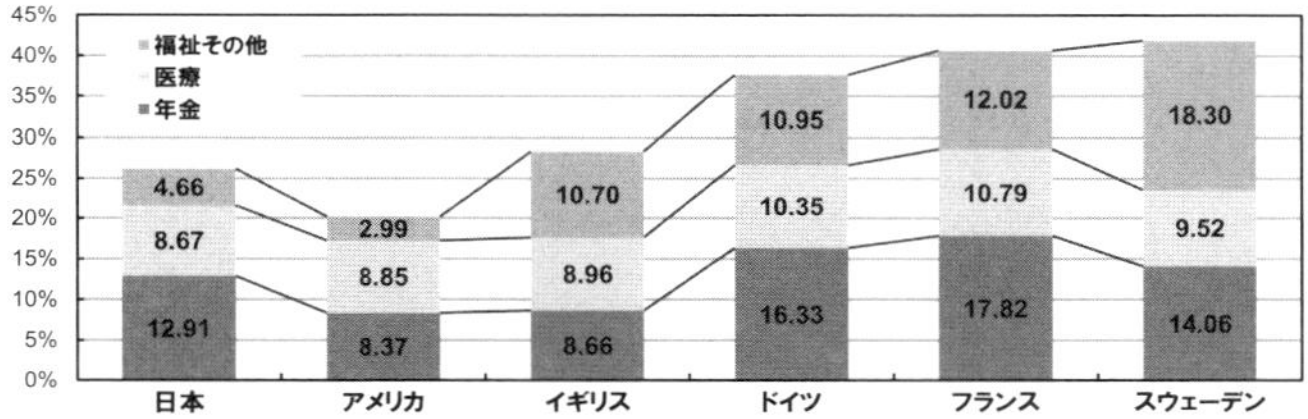

（出所）厚生労働省政策レポート「社会保障の給付と負担の現状と国際比較」
（注）OECD社会支出基準に基づく社会支出データを用いているため，社会保障給付費よりも広い範囲の費用（公的住宅費用，施設整備用等）も計上されている．

さて，あなたは，さらに多くの税金が課せられることになったとしても，次の施策を積極的に進める必要はあると思いますか．それとも，税金が増えるぐらいなら積極的に進めなくてもいいと思いますか．(それぞれ1つに○)

		税金が増えるぐらいなら、積極的に進めなくてもよい	どちらかといえば、税金が増えるぐらいなら、積極的に進めなくてもよい	どちらかといえば、税金が増えてもいいから、積極的に進めるべきだ	税金が増えてもいいから、積極的に進めるべきだ
ア)	非正規社員や単純労働者のキャリアアップを目的とした再教育の場の整備	1	2	3	4
イ)	失業者の就職支援	1	2	3	4
ウ)	十分な医療が受けられるような環境の整備	1	2	3	4
エ)	社会で介護の負担を担う制度の整備	1	2	3	4
オ)	年金の安定化を通じた，高齢者の経済生活の保障	1	2	3	4
カ)	公立中学・高校の整備	1	2	3	4
キ)	大学授業料の減額・無償化，もしくは返却義務のない奨学金の創設など，大学進学機会の確保	1	2	3	4

Q3-2. 仮に政府が，消費税方式によって「大学授業料の減額・無償化」を決定した状況を想定してください．

現在の消費税は5%ですが，それにプラス何%までの消費税なら「支払ってもいい」と思いますか．

具体的な%をお答えください．


なお，試算によると，「プラス1%」の消費税で，大学の授業料は全員無料に，「プラス0．5%」の消費税で大学の授業料は全員半額＝私立大学の授業料が国立大学並みになります．

※税金で負担すべき問題ではなく，消費税増加を認めることができないという場合は，「0%」とご記入ください．

		大学授業料の減額・無償化のために「支払ってもいい」と思える追加分
現在の5%	＋	（　　）%

Q3-3. 子育てにかかる費用の負担について，あなたの意見はどちらに近いですか．（1つに○）

A	Aに近い	ややAに近い	ややBに近い	Bに近い	B
子育てにかかる費用は，「社会が」負担するべきだ	1	2	3	4	子育てにかかる費用は，「家庭が」負担するべきだ

Q3-4. それでは，大学教育にかかる費用については，どうですか．（1つに○）

A	Aに近い	ややAに近い	ややBに近い	Bに近い	B
大学教育にかかる費用は，「社会が」負担するべきだ	1	2	3	4	大学教育にかかる費用は，「教育を受ける個人（もしくはその家族）が」負担するべきだ

Q3-5. 大学教育にかかる費用をめぐっては，奨学金についても考える必要があります．現在，大学進学にかかる教育費用に関して，政府が用意している経済的支援は，「貸与型奨学金（ローン型奨学金）」が中心となっています．
この政府の経済的支援について，あなたはどちらに近い意見を持っていますか．（1つに○）

A	Aに近い	ややAに近い	ややBに近い	Bに近い	B
現在のように，貸与型（ローン型）の奨学金中心で支援すればよい	1	2	3	4	税金をさらに使っても，返済義務のない奨学金や，授業料免除・減額といった方法を積極的に取り入れていくべきだ

Q3-6. それでは、次の教育訓練費の負担については，どちらに近い意見を持っていますか．（それぞれ1つに○）

	A	Aに近い	ややAに近い	ややBに近い	Bに近い	B
ア）	キャリアを向上したり，転職したりするための教育訓練費は，「社会が」負担するべきだ	1	2	3	4	キャリアを向上したり，転職したりするための教育訓練費は，それを試みる「個人が」負担するべきだ
イ）	失業者の再就職に必要な教育訓練費は，「社会が」負担するべきだ	1	2	3	4	失業者の再就職に必要な教育訓練費は，「失業者自身（もしくはその家族）が」負担するべきだ

Section4 「格差」の問題についてのご意見をうかがいます.

Q4-1. 次のような対立する意見に対して，あなたの意見はどちらに近いですか.（それぞれ1つに○）

	A	Aに近い	ややAに近い	ややBに近い	Bに近い	B
ア)	恵まれない状況に置かれている人がいたとしても，その人の努力次第で状況は改善するはずだ	1	2	3	4	恵まれない状況に置かれている人がいるのは，現在の社会のあり方に大きな原因がある
イ)	所得や社会的地位の格差は，社会にとって必要なものだ	1	2	3	4	所得や社会的地位の格差は，できるだけなくしたほうがいい
ウ)	いまの若い世代は，とくに恵まれない状況におかれていると思う	1	2	3	4	どの世代に生まれても，その世代特有の問題に直面するのだから，いまの若い世代がとくに恵まれていないとは思わない
エ)	いまの世の中は，公平だ	1	2	3	4	いまの世の中は，不公平だ

Q4-2. あなたにとって「高所得世帯」とは，年収が何万円以上の世帯のことを指しますか.
また逆に，「低所得世帯」とは，年収が何万円以下の世帯のことを指しますか.（それぞれ具体的に数字を記入）

高所得世帯……………	世帯年収	□□□□□	万円以上
低所得世帯……………	世帯年収	□□□□□	万円以下

Q4-3. 所得税の最高税率は
70.0%（1986年）→ 60.0%（1987年）→ 50.0%（1989年）→ 37.0%（1999年）→ 40.0%（2007年）
といったように基本的に低下方向に推移しており，このことは，「お金持ちから生活が苦しい人へまわされるお金の量が減っている」ことを意味しています. あなたは，このことをどのように評価しますか.
また，あなた自身が望ましいと考える最高税率はどの程度でしょうか.

◆最高税率が低下していることへの評価・・・・・・1つに○を付けてください.

A	Aに近い	ややAに近い	ややBに近い	Bに近い	B
最高税率を上げて，もっと所得の再分配を積極的に進めるべきだと思う	1	2	3	4	最高税率を下げることは，人びとの働く意欲をわかせ，経済も活性化するので，いいことだと思う

◆あなた自身が望ましいと考える最高税率・・・・・・具体的な数字で，整数でご記入ください.

□□ %

Section5 あなたやご家族の状況，ならびにあなたの社会観・教育観・家族観をうかがいます．

Q5-1. 次のリスクについて，あなたご自身／あなたのご家族の状況を教えてください．（それぞれ1つに○）

	自分自身，もしくは自分の家族が		
	既に直面した／現在直面している	今後10年ぐらいの間に直面しそうだ	直面する心配はない
ア）知識・技能の問題で，仕事上，不利な立場におかれる状況	1	2	3
イ）大きな病気を抱える状況	1	2	3
ウ）介護が必要になる状況	1	2	3
エ）失業し，思うように再就職が決まらない状況	1	2	3
オ）仕事を引退してから日々の経済生活に困る状況	1	2	3
カ）公立の学校（小・中・高）に安心して子どもを任せられない状況	1	2	3
キ）経済的な理由で，大学，短大，専門学校への進学を子どもに諦めさせる状況	1	2	3

Q5-2. それでは，次のリスクは，どのように対応していくべきものだとお考えですか．（それぞれ1つに○）

	自己責任で対応すべき	家族で対応すべき	税金を高くして，社会（国）で対応すべき
ア）知識・技能の問題で，仕事上，不利な立場におかれた状況	1	2	3
イ）大きな病気を抱えた状況	1	2	3
ウ）介護が必要になった状況	1	2	3
エ）失業し，思うように再就職が決まらない状況	1	2	3
オ）仕事を引退してから日々の経済生活に困る状況	1	2	3
カ）経済的な理由で，大学，短大，専門学校への進学が難しい状況	1	2	3

Q5-3. あなたは，次のような意見に対して，賛成ですか，反対ですか．（それぞれ1つに○）

	まったくそう思わない	あまりそう思わない	ややそう思う	非常にそう思う
ア）所得や社会的地位の格差がなくなってしまったら，人びとは一生懸命働かなくなってしまう	1	2	3	4
イ）政府による福祉が充実していたら，人びとは一生懸命働かなくなってしまう	1	2	3	4
ウ）学校以外にも，教育や訓練の機会は豊富にある	1	2	3	4
エ）日本が国際競争を勝ち抜くために，教育にはさらに税金を投入すべきだ	1	2	3	4
オ）これまでにうけた教育は，いまの自分の生活に役に立っていると思う	1	2	3	4
カ）大学教育の効果について，教育を受けた個人が受ける利益に比べれば，社会にもたらされる効果はたいしたことがない	1	2	3	4

Q5-4. いわゆる「人生の成功」にとって，あなたは次の3つのうち，どれが最も重要だと思いますか．（1つに○）

1. 生まれもった能力（IQ）　**2.** 努力　**3.** 運

Q5-5. 大卒の場合と高卒の場合とでは，将来の収入にどのような違いがあると思いますか．（1つに○）

1. 同じくらい
2. 大卒のほうが1～2割ほど高い
3. 大卒のほうが3～4割ほど高い
4. 大卒のほうが5～9割ほど高い
5. 大卒のほうが2倍以上高い

Q5-6. あなたは，これからの日本のあるべき姿として，次の3つのうち，どれが一番望ましいと思いますか．（1つに○）

1. アメリカのような個人主義を重視した社会
2. 北欧のような高税率によって支えられている社会
3. かつての日本のような，終身雇用や家族の役割を重視した社会

Q5-7. あなたは，ご自身のお子さんにかかる費用について，どのようにお考えですか／お考えでしたか．

それぞれ近いもの1つをお答え下さい．

お子さんがいらっしゃらない場合は，「いる」と仮定してお答え下さい．（それぞれ1つに○）

	無理をしてまで負担するつもりはない ←			→ 無理をしてでも負担するつもりだ
ア）【小・中学校時代の子ども】塾の費用や私立学校通学費用	1	2	3	4
イ）【高卒時点の子ども】短大・専門学校への進学費用	1	2	3	4
ウ）【高卒時点の子ども】四年制大学への進学費用	1	2	3	4
エ）【働いている子ども】経済的援助	1	2	3	4

Q5-8. あなたは，次のような意見に対して賛成ですか，反対ですか．（それぞれ1つに○）

	まったくそう思わない	あまりそう思わない	ややそう思う	非常にそう思う
ア）男性は外で働き，女性は家庭を守るべきである	1	2	3	4
イ）男の子と女の子は違った育て方をするべきである	1	2	3	4
ウ）妻は，自分の仕事を持つよりも，夫の仕事・生活の手助けをするほうが大切である	1	2	3	4

Section6 最後に，あなたとあなたのご家族について少しうかがいます．

Q6-1. あなたの性別をお答えください．（1つに○）

1. 男 性　　2. 女 性

Q6-2. あなたの年齢をお答えください．（数字を記入）

満　[　　]　歳

Q6-3. あなたは，ふだん，何か収入になる仕事をしていますか．（1つに○）

1. 仕事を主にしている
2. 家事が主で，仕事もしている
3. 通学が主で，仕事もしている
4. 通学・家事以外のことが主で，仕事もしている

5. 家事が主で，仕事はしていない
6. 通学が主で，仕事はしていない
7. 仕事を探している

8. その他
（具体的に：　　　　　）

Q6-3で「1～4」に○の方は【付問A】にお進みください．

Q6-3で「5～7」に○の方は【付問B】にお進みください．

Q6-3で「8」に○をつけた方は次ページのQ6-4にお進みください．

【付問A】

付問A1. あなたの現在の働き方（就業形態）は，次のどれにあたりますか．（1つに○）

1. 正社員・正職員
2. 契約社員・嘱託・派遣
3. パートタイマー・アルバイター
4. 自営業者・家族従事者
5. その他（具体的に：　　　　　）

付問A2. 職種をお答えください．（1つに○）

1. 専門・技術的職業
（技術者，医師，看護師，法律家，教師など）
2. 管理的職業（課長以上の管理職，役員）
3. 事務的職業（事務員，経理，タイピストなど）
4. 販売的職業（店主，店員，営業など）
5. サービス的職業（理容師，ウェイター・ウェイトレス，ホームヘルパーなど）
6. 保安的職業（警察官，警備員など）
7. 運輸・通信業（ドライバー，電話交換手など）
8. 技能労働者
（熟練工，職人，土木・建築の現場監督など）
9. 一般作業員
（土木・清掃などの作業員，見習工など）
10. 農林漁業
11. その他（具体的に：　　　　　）

付問A3. 勤務先（会社・団体）全体の従業員数はどのくらいですか．（1つに○）

1. ～9人
2. 10～99人
3. 100～299人
4. 300～999人
5. 1000～4999人
6. 5000人以上
7. 官公庁・学校
8. わからない

【付問B】

付問B1. 今後，仕事に就くことを望んでいますか．望んでいる場合は，希望している働き方（就業形態）の別にお答えください．（1つに○）

1. 正社員・正職員
2. 契約社員・嘱託・派遣・業務委託
3. パートタイマー・アルバイター
4. 自営業者・家族従事者
5. その他（具体的に：　　　　　）
6. 仕事に就くことを望んでいない

付問B2. 希望する職種をお答えください．（1つに○）

1. 専門・技術的職業
（技術者，医師，看護師，法律家，教師など）
2. 管理的職業（課長以上の管理職，役員）
3. 事務的職業（事務員，経理，タイピストなど）
4. 販売的職業（店主，店員，営業など）
5. サービス的職業（理容師，ウェイター・ウェイトレス，ホームヘルパーなど）
6. 保安的職業（警察官，警備員など）
7. 運輸・通信業（ドライバー，電話交換手など）
8. 技能労働者
（熟練工，職人，土木・建築の現場監督など）
9. 一般作業員
（土木・清掃などの作業員，見習工など）
10. 農林漁業
11. その他（具体的に：　　　　　）

付問B3. 今後，仕事を見つけるにあたって，その見通しをどのように考えていますか．（あてはまるほうに○）

1. それほど苦労しないと思う
2. おおいに苦労すると思う

Q6-4. あなたは現在，ご結婚されていますか，いませんか．（1つに○）

1. 既　婚
2. 未　婚 → Q6-5へお進みください．
3. 離・死別 → Q6-5へお進みください．

Q6-4で「1」に○の方は付問Cにお答えください．

付問C. 配偶者の方は，ふだん，何か収入になる仕事をしていますか．（1つに○）

1. 仕事を主にしている	5. 家事が主で，仕事はしていない
2. 家事が主で，仕事もしている	6. 通学が主で，仕事はしていない
3. 通学が主で，仕事もしている	7. 仕事を探している
4. 通学・家事以外のことが主で，仕事もしている	8. その他（具体的に：　　　　　）

Q6-5. あなたには，お子さんがいらっしゃいますか．（1つに○）

1. い　る
2. いない → Q6-6へお進みください．

Q6-5で「1」に○の方は付問D，E，Fにお答えください．

付問D. お子さんは何人いらっしゃいますか．（数字を記入）…………［　　　］人

付問E. それぞれのお子さんの在学状況を教えてください．
（4人以上お子さんがいらっしゃる場合は，3人目までの状況をお答えください）

	在学状況（1つに○）	既に学校をご卒業されている場合 そのお子さんの最終学歴（1つに○）
1人目	1. 学校には通っていない（卒業した） → 2. 大学生・大学院生 3. 短大生・高等専門学校・専門学校生 4. 高校生 5. 中学生以下	1. 大卒・大学院卒 2. 短大卒・高等専門学校・専門学校卒 3. 高卒 4. 中卒 5. その他（具体的に：　　　　　）
2人目	1. 学校には通っていない（卒業した） → 2. 大学生・大学院生 3. 短大生・高等専門学校・専門学校生 4. 高校生 5. 中学生以下	1. 大卒・大学院卒 2. 短大卒・高等専門学校・専門学校卒 3. 高卒 4. 中卒 5. その他（具体的に：　　　　　）
3人目	1. 学校には通っていない（卒業した） → 2. 大学生・大学院生 3. 短大生・高等専門学校・専門学校生 4. 高校生 5. 中学生以下	1. 大卒・大学院卒 2. 短大卒・高等専門学校・専門学校卒 3. 高卒 4. 中卒 5. その他（具体的に：　　　　　）

付問F. お子さんのうち，私立学校に進学した（進学している）方はいらっしゃいますか．（それぞれ1つに○）

◆私立中学に進学した（通っている）子どもが………	1. いる	2. いない
◆私立高校に進学した（通っている）子どもが………	1. いる	2. いない
◆私立大学に進学した（通っている）子どもが………	1. いる	2. いない

Q6-6. それでは，あなたご自身は，私立学校の出身者ですか．（それぞれ1つに○）

◆私立中学の………………………………	1. 出身者である	2. 出身者ではない
◆私立高校の………………………………	1. 出身者である	2. 出身者ではない
◆私立大学の………………………………	1. 出身者である	2. 出身者ではない

Q6-7. あなたが最後に卒業した学校は次のどれにあてはまりますか．配偶者がいらっしゃる方は，あなたの配偶者が最後に卒業した学校についてもお答えください．（それぞれ該当する選択肢の数字を記入）

◆戦前	◆戦後	◆その他
1. 旧制尋常小学校（国民学校を含む）	8. 中学校	13. わからない
2. 旧制高等小学校	9. 高校	14. いない
3. 旧制中学校・高等女学校	10. 専門学校	
4. 旧制実業学校	11. 短大・高等専門学校	
5. 旧制師範学校	12. 大学・大学院	
6. 旧制高校・旧制専門学校・高等師範学校		
7. 旧制大学・旧制大学院		

あなた…………… □　　配偶者の方……… □

Q6-8. 中学校3年の頃，あなたの成績はクラスや学年の中でどれくらいでしたか．おおよそでかまいませんので，お答え下さい．なお，戦前の学校の場合は，義務教育最後の年の成績について，お答え下さい．（1つに○）

1.	2.	3.	4.	5.
下のほう	やや下のほう	まんなかあたり	やや上のほう	上のほう

Q6-9. ①2005年の衆議院選挙（小泉内閣時の「郵政選挙」）のとき，比例代表であなたはどの政党（あるいは，どの政党の候補者）に投票しましたか．また，②民主党に政権が交代した昨年（2009年）の衆議院選挙のとき，さらに，③2010年の参議院選挙のときはどうでしたか（それぞれ該当する選択肢の数字を記入）

1. 民主党	5. 社会民主党	9. たちあがれ日本	13. 選挙権がなかった
2. 自由民主党	6. 国民新党	10. 新党改革	14. 覚えていない
3. 公明党	7. 新党日本	11. その他	
4. 日本共産党	8. みんなの党	12. 白票・投票せず	

①2005年の衆議院選挙（郵政選挙）□　　②2009年の衆議院選挙（政権交代時の選挙）…… □

③2010年の参議院選挙……………… □

Q6-10. あなたご自身の昨年の年収（税込み）はどのくらいでしたか．
また，あなたの世帯全体の年収についてもお答えください．（それぞれ該当する選択肢の数字を記入）

1. 100万未満	7. 600万～700万未満	13. 1200万～1300万未満
2. 100万～200万未満	8. 700万～800万未満	14. 1300万～1400万未満
3. 200万～300万未満	9. 800万～900万未満	15. 1400万～1500万未満
4. 300万～400万未満	10. 900万～1000万未満	16. 1500万以上
5. 400万～500万未満	11. 1000万～1100万未満	17. わからない
6. 500万～600万未満	12. 1100万～1200万未満	

あなた…………… □　　世帯全体……… □

質問は以上です．ありがとうございました．

附録(**2**)

全国 WEB 調査 調査票
(B 票)

Section3 教育や社会保障領域における費用負担について，ご意見をうかがいます．

Q3-1. あなたは，さらに多くの税金が課せられることになったとしても，次の施策を積極的に進める必要はあると思いますか．それとも，税金が増えるぐらいなら積極的に進めなくてもいいと思いますか．（それぞれ1つに○）

		税金が増えるぐらいなら積極的に進めなくてもよい、	どちらかといえば、税金が増えるぐらいなら積極的に進めなくてもよい	どちらかといえば、税金が増えてもいいから、積極的に進めるべきだ	税金が増えてもいいから、積極的に進めるべきだ
ア)	非正規社員や単純労働者のキャリアアップを目的とした再教育の場の整備	1	2	3	4
イ)	失業者の就職支援	1	2	3	4
ウ)	十分な医療が受けられるような環境の整備	1	2	3	4
エ)	社会で介護の負担を担う制度の整備	1	2	3	4
オ)	年金の安定化を通じた，高齢者の経済生活の保障	1	2	3	4
カ)	公立中学・高校の整備	1	2	3	4
キ)	大学授業料の減額・無償化，もしくは返却義務のない奨学金の創設など，大学進学機会の確保	1	2	3	4

Q3-2. 仮に政府が，消費税方式によって「大学授業料の減額・無償化」を決定した状況を想定してください．
現在の消費税は5%ですが，それにプラス何%までの消費税なら「支払ってもいい」と思いますか．
具体的な%をお答えください．
※税金で負担すべき問題ではなく，消費税増加を認めることができないという場合は，「0%」とご記入ください．

	大学授業料の減額・無償化のために「支払ってもいい」と思える追加分
現在の5% ＋	（　　　）%

Q3-3.

【はじめに，こちらをお読み下さい】

日本における3歳児以上就学前教育への税金投入は他の国と比べて少なく，私費負担が半分以上を占めています．

3歳児以上就学前教育の公財政負担割合（2007年）

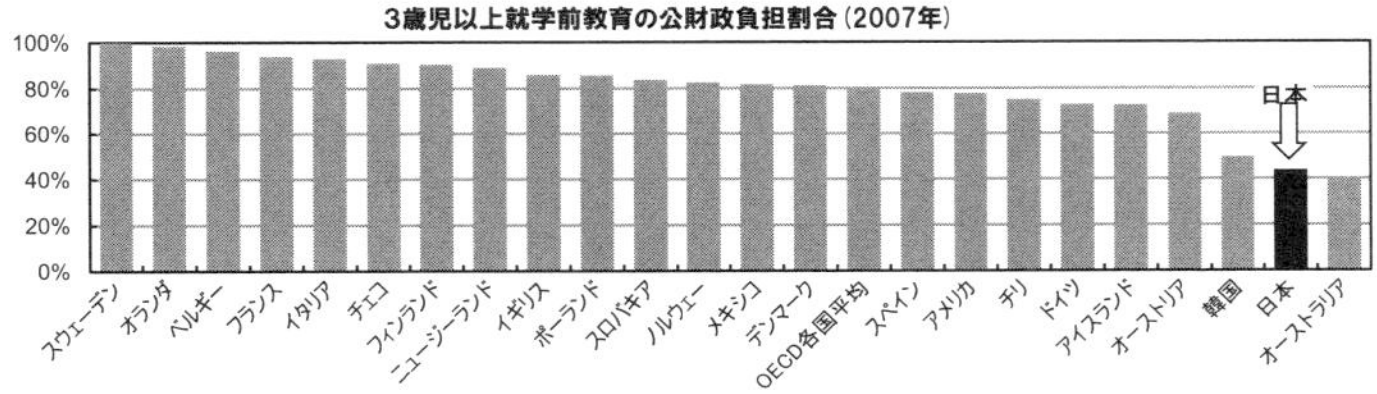

出所：OECD "Education at a Glance 2010"　注：チリの調査年は2008年．

さて，子育てにかかる費用の負担について，あなたの意見はどちらに近いですか．（1つに○）

A	Aに近い	ややAに近い	ややBに近い	Bに近い	B
子育てにかかる費用は，「社会が」負担するべきだ	1	2	3	4	子育てにかかる費用は，「家庭が」負担するべきだ

Q3-4.

【はじめに，こちらをお読み下さい】

大学に進学することは，その進学した本人の所得の向上ももたらしますが，それに伴う「所得税の増加」も生じます．つまり，大卒者が一人増えるたびに税収も増え，推計によれば，高卒者が大卒者になることによって，その人が生涯に支払う税金は，約1,500万円増加します．

さて，大学教育にかかる費用について，あなたの意見はどちらに近いですか．（1つに○）

A	Aに近い	ややAに近い	ややBに近い	Bに近い	B
大学教育にかかる費用は，「社会が」負担するべきだ	1	2	3	4	大学教育にかかる費用は，「教育を受ける個人（もしくはその家族）が」負担するべきだ

Q3-5.

【はじめに，こちらをお読み下さい】

現在の日本には，世帯所得による子どもの進路格差が存在しています．高校3年生とその保護者を対象にしたある調査の結果によれば，その格差は下図のようになります．

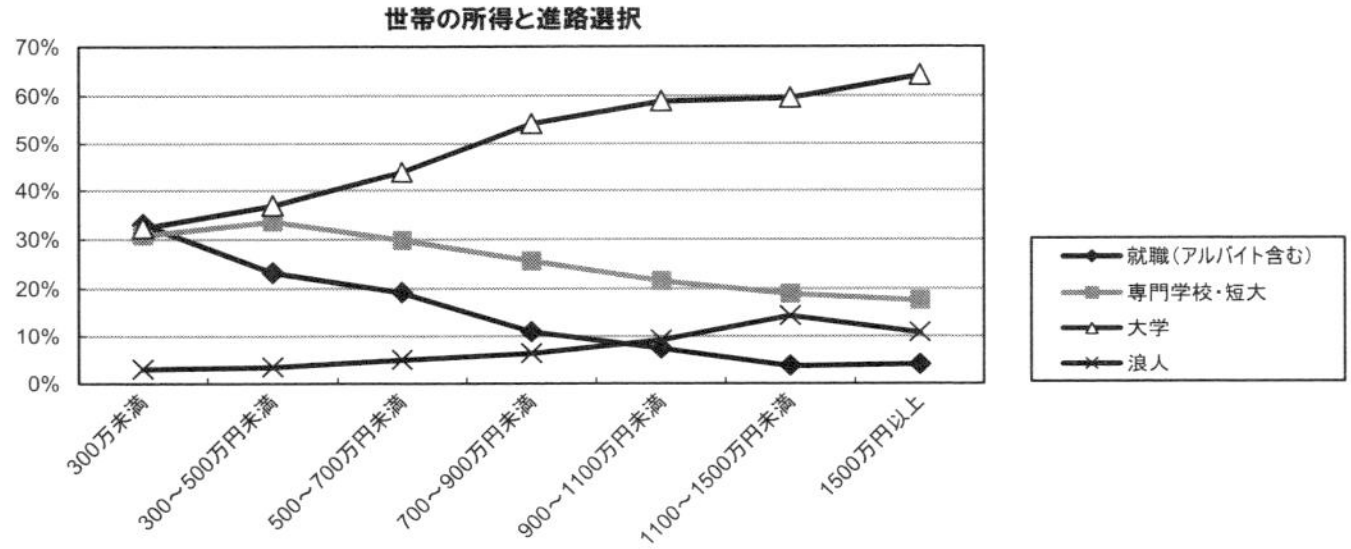

さて，大学教育にかかる費用をめぐっては，奨学金についても考える必要があります．現在，大学進学にかかる教育費用に関して，政府が用意している経済的支援は，「貸与型奨学金（ローン型奨学金）」が中心となっています．この政府の経済的支援について，あなたはどちらに近い意見を持っていますか．（1つに○）

A	Aに近い	ややAに近い	ややBに近い	Bに近い	B
現在のように，貸与型（ローン型）の奨学金中心で支援すればよい	1	2	3	4	税金をさらに使っても，返済義務のない奨学金や，授業料免除・減額といった方法を積極的に取り入れていくべきだ

Q3-6. それでは，次の教育訓練費の負担については，どちらに近い意見を持っていますか．（それぞれ1つに○）

	A	Aに近い	ややAに近い	ややBに近い	Bに近い	B
ア)	キャリアを向上したり，転職したりするための教育訓練費は，「社会が」負担するべきだ	1	2	3	4	キャリアを向上したり，転職したりするための教育訓練費は，それを試みる「個人が」負担するべきだ
イ)	失業者の再就職に必要な教育訓練費は，「社会が」負担するべきだ	1	2	3	4	失業者の再就職に必要な教育訓練費は，「失業者自身（もしくはその家族）が」負担するべきだ